タピオカ屋はどこへいったのか？

商売の始め方と儲け方がわかるビジネスのカラクリ

菅原由一
税理士スガワラくん

KADOKAWA

アフタヌーンティーきた♡♡
は――……
みんな充実してるな～……
グランピング楽しすぎ✨
かせぎ たいこ
加瀬木 泰子
新人税理士
TAPIO
あ
久々にタピった～
そういえば駅前にタピオカ屋さんいくつかあったっけ
前はよく通ってたな～
タピオカ
あの頃み～んな飲んでたなぁ
久々に飲みたくなってきた！
よしっ行っちゃお！
駅前
カヌレ専門店
電子マネー使えます
ど――んっ
そんなぁ……
ガーン…
キャッ
キャッ

ついこの間まで
タピオカ屋さん
いっぱいあったのに〜
なんで〜!?
?
?
よしっ
他のお店も
探してみよう
黒糖わらびもち
ラテ
チ〜ィ〜ズ
ハットグ
よくのび〜る
ドーナツ
DONUTS
どど――ん!!
ガ――ン!!
この世の
タピオカ屋さん
消滅したんか!?
ああっ今すぐ
タピりたいッッ
※飲めないことが判明したら
余計飲みたくなってきた
おーい
何して
るんだい?
タピ…

菅原先生！
やあ！
たい やき
すがわら ゆういち
菅原 由一先生
SMG税理士事務所代表
あっ 加瀬木さんも食べる？
いえ…
それ買ってる人 久々に見た…
もっす
もっす
たいやき…
白い た●焼きもあるけど
？
サッ
いいです いい
懐かしいな
そういえば タピオカも
少し前に比べると ずいぶん話題に 上がらなくなったなあ
しゅん…
流行の変化って 早いですねえ
はあー
きっと経営がうまく いかなくて 潰れちゃったんだなあ…
店長大変だあ～

そうとも
限らないいん
だけどね
どういう
ことですか？
えっ
いいかい？
ビジネスって
いうのは
儲けるカラクリが
あるんだ！
どーんっ
それじゃあこれから
タピオカ屋が
どこに行ったか
見に行こう！
Let's Go！
先生
待ってくださーい

加瀬ホ泰子（かせぎたいこ） タピオカ屋 ビクトリードリームロードマップ

- タピオカ屋ブームに乗ってみよう！（P18）
- 立ち飲み屋もエモいかも…？（P23）
- 企業理念をクールに掲げてみたい（P42）

どんなビジネスを始めようかな？

商売形態はどうしようかな？

- オンライン販売でもいいかもね（P74）
- フランチャイズならうまくやれそう（P177）
- 小さいお店は「ランチェスター戦略」が効果的って先生が話していたような…（P78）

- 商店街に出店が鉄板かなあ？（P72）
- 富士山の山頂とかで開業したらヤバいかも！（P93）
- 推し活も兼ねて…アキバとか…？（P173）

物件・立地はどこがいいかな？

・「高級タピオカ」って新しいかも（P86）
・人が少ない時間帯に
割引して売るのってどうかな？（P88）

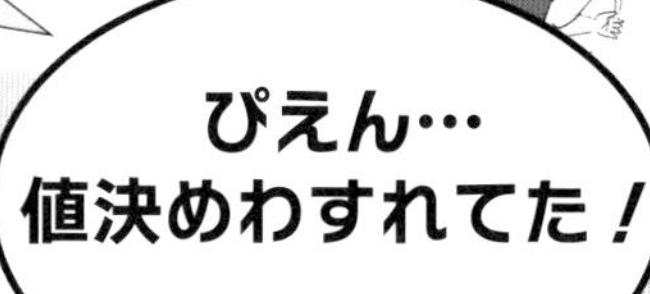

ぴえん…
値決めわすれてた！

満を持して開業!!

・忙しいのにソシャゲの沼から抜け出せない！（P100）
・景気づけに回らないお寿司食べにいっちゃお（P108）

たくさん宣伝
しなきゃね！

・広告打つにもお金が足りない…（P63）
・有名人が来たらバズっちゃった！（P114）
・友達のインフルエンサーにも
紹介してもらおう！（P112）

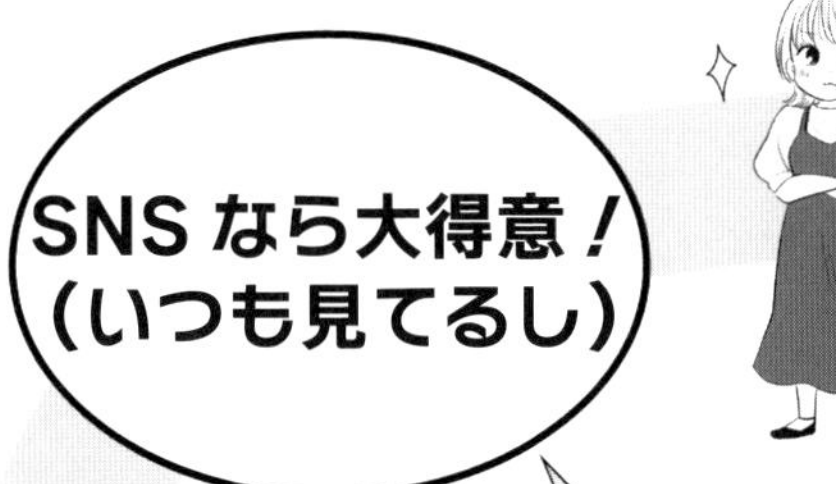

・公式アカウントとかでキャンペーンとかやってみたい！（P66）
・そもそもどの SNS が集客に効果的かな（P68）
・私がインフルエンサーになっちゃうとかよくない？（P128）

・スマホの料金が高すぎる！（P119）
・そもそも質の高いサービスにこだわるのって本当に必要なことなの？（P95）

・カスタマイズできるタピオカってどうかな（P32）
・「タピオカのサブスク！」（なんちゃって…）（P136）
・タピオカの訪問販売とか新しいかも！（P124）

新しい商品とかいけるかな

・人手が足りない！
だけどお金がない！（P152）
・もはや無人販売でいいかもね（P141）

繁盛してきたけど
1人は限界！

2店舗
出店じゃい！

・やっぱり商店街に出店しようかな…（P72）
・観光地とかもおもしろそうだよね！（P126）
・原宿とかあこがれるかも（P166）

・昔スナックのママにあこがれてたなあ（P58）
・でも資金が足りない…圧倒的に（P179）

新しい事業
始めてみよっかな

ヤーッ!!
ドゴッ!!
廃業
ブーム去る

チキン屋開業

ブーム去る

To be Continued

目次

ミ タピオカ屋はどこへ行ったのか？

第1章 流行や社会の変化をチャンスに変えるビジネス

第2章 閑古鳥が鳴くお店を行列店に変える集客テク

第3章 商売の生命線〝値決め〟の謎に迫る

第4章 ブランド力アップにつながる消費者心理の掌握術

第5章 コストから考える利益率アップの裏テク

第6章 なぜあの店があそこに？ 商売と立地の秘密

漫画・イラスト　百田ちなこ
装丁デザイン　五藤友紀（ブックウォール）
本文デザイン　松岡羽（ハネデザイン）
本文イラスト　せのおまいこ
編集協力　伊達直太
企画　小山竜央
校正　西岡亜希子
編集　五十嵐恭平

第1章

流行や社会の変化をチャンスに変えるビジネス

タピオカ屋はなぜ流行ったのか？

▼タピオカブームは3回目だった

社会の変化を捉え、ブームに飛び乗ること。これは儲けるための定番の方法です。タピオカ屋の急増と成功はその典型といえるでしょう。

タピオカ屋が流行り始めたのは2018年ごろで、19年には新語・流行語大賞のトップ10に「タピる」がランクインしました。

じつは、このブームは3回目です。1回目は1992年で、80年代から流行っていたアジア料理のデザートとして出された白いタピオカが入ったココナッツミルクが流行しました。2回目は2008年。台湾の飲食チェーン店が日本に増えて、タピオカミルクティが流行しました。このときにはタピオカは白から黒になり、スプーンで食べるものからストローで飲むものに変わっています。直近のブームの原型はこのときにできたものです。

そして、2018年が3回目です。きっかけは、LCC（格安航空会社）の就航によって海外へのアクセスが安価になり、近場である台湾旅行の人気に火がついたことで本場のタピオカミルクティの人気が再燃したのです。

▼モノからコトへの変化

直近のブームが前回までと異なるのは、インスタグラムが重要なキーワードとなったことです。新語・流行語大賞を見ると「タピる」

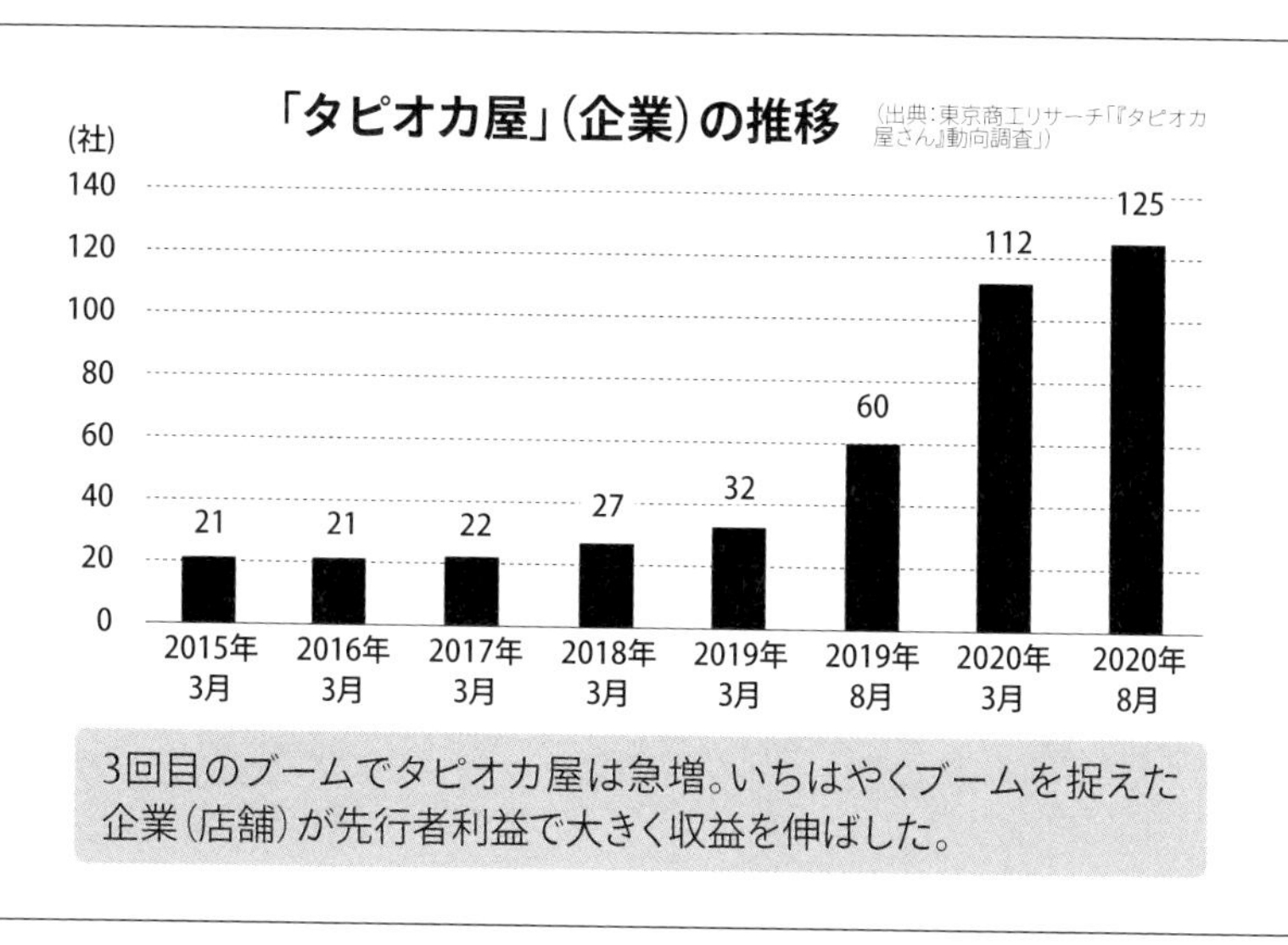

3回目のブームでタピオカ屋は急増。いちはやくブームを捉えた企業(店舗)が先行者利益で大きく収益を伸ばした。

がランクインした前々年の2017年に「インスタ映え」が年間大賞に選ばれています。

若いSNSユーザーたちはインスタ映えするネタを探していました。その下地がある状況で**タピオカミルクティが「映えフード」としてマッチして、喉を潤すために買われていたタピオカミルクティが、写真に撮って投稿する若者のアイテムとして買われるようになった**わけです。

飲料としてではなく撮影の小物としてタピオカミルクティが流行った現象は「コト消費」の表れといえます。コト消費は、体験の価値を重視して商品を購入する消費行動のことです。

従来の消費はモノの機能を重視していましたが、多機能で高機能なモノがひと通り世の中に行き渡った結果、モノを通じた形ある価

値よりも、モノを持ったり使ったりすることを通じた形のない価値（コト）が重視されるようになりました。これは事業を考えるうえで押さえておきたい社会変化の1つです。

社会変化という点で見ると、ブームは短期的な社会変化といえます。ブームよりも息が長いのがトレンドで、さらに長くなると変化が常識として定着します。環境問題はブームからトレンドになり、常識になった一例といえるでしょう。

今でこそ世界全体が環境に配慮することを常識としていますが、過去にはロハス、エコ、エシカルといった短いブームを繰り返し、SDGs時代になってようやく広く浸透したわけです。

▼タピオカ屋はどこに行ったのか？

何がブームになるかは分かりません。ブームがどれくらい大きくなり、どれくらい続くかも分かりません。

これを事業機会とする場合は、どんな商品にも寿命（プロダクトライフサイクル）があることを踏まえておくことが大事です。また、一過性のブームで終わるかもしれないリスクを考えて、いつでも撤退できるようにすることがリスク対策になります。

そのためには、**少資金、省スペースで開店（開業）するなど、開業にかかるコスト（イニシャルコスト）を安く抑えることがポイント**です。

ブームが長続きするようなら追加投資をし、冷めつつあると感じたら次の事業機会を探すといった柔軟性と俊敏性を持っておくことで、

時代の変化に乗ることができるのです。

さて、一時期は街中に溢れていたタピオカ屋ですが、今も残っているのはGong chaやBull Puluなど一部のチェーンだけです。

消えたタピオカ屋がどこに行ったかというと、ある店は唐揚げ店になり、ある店はマリトッツォの店に変わり、ある店は焼き芋の店になりました。

イニシャルコストを徹底的に抑えることで短期で利益を回収し、ブームが去ったらすぐに見切りを付けて撤退する。

この変わり身の早さを活かして、消えたタピオカ屋は次のブームに乗り換え、新たな収益を生み出しているのです。

「コト」ニーズに着目

成長期では
「モノづくり」

成熟期では
「コトづくり」

需要量（ニーズ）
生産力・
販売力強化
供給力

供給力
価値創造・
顧客開発
需要量
（ニーズ）

成熟した社会はモノが溢れているのが特徴。欲しい物が手に入る世の中では「コト」が事業機会になる。

どんな商品にも寿命がある

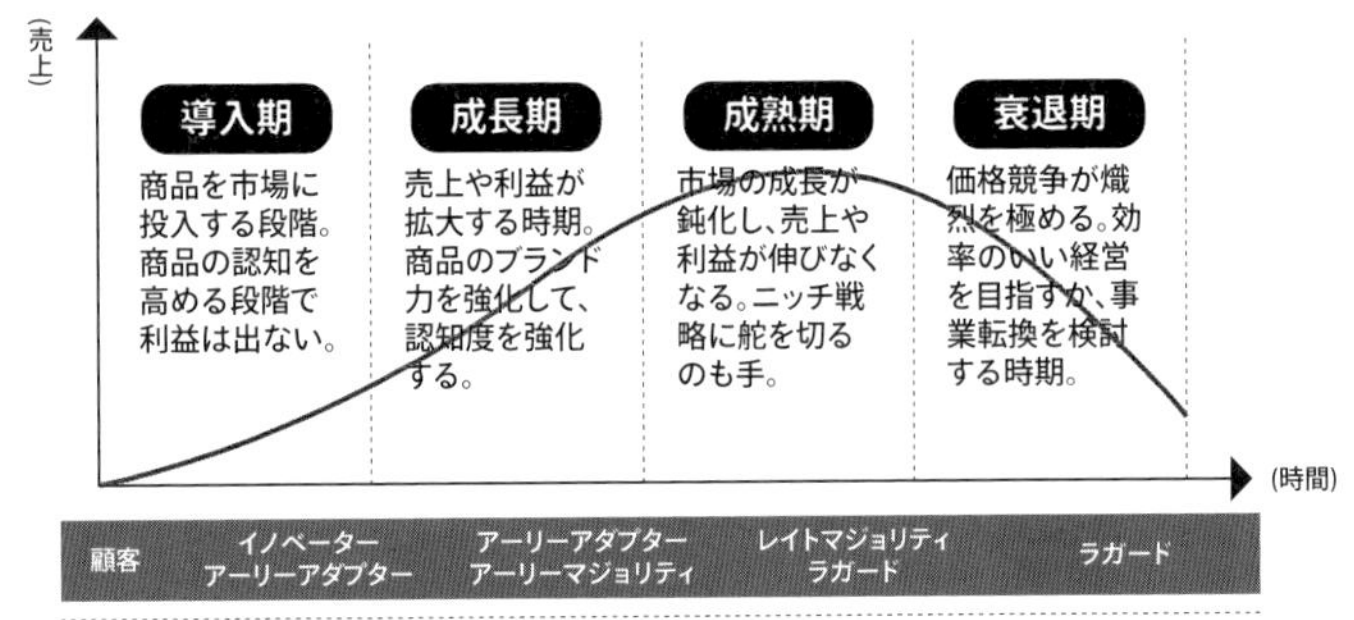

商品が社会に浸透していく過程は4つに分類できる。ブームに乗る事業は衰退期前の撤退を意識することが重要。

1-2 立ち飲み屋はなぜ若い女性客が多いのか？

▼「隙間」を埋めるビジネス

マンガ『笑ゥせぇるすまん』には「ココロのスキマ…お埋めします」という名ゼリフがあります。主人公の喪黒福造が、その言葉の通りに世の中の人の心の隙間を埋め、満足させるというストーリーです。

社会変化という点で「隙間」は大きなキーワードです。世の中では時代に応じてさまざまな隙間が生まれ、それらを埋めてほしいと思っている人がいます。

そのニーズに応えているのが立ち飲み屋です。**立ち飲み屋が埋めている1つ目の隙間は「時間の隙間」です。**近年の大きな社会変化として、働き方改革が進みました。これによって残業が減り、早く帰る人が増えました。

しかし、世の中には早く帰りたくないサラリーマンもいます。会社には長居できないし、かといって家に帰ってもすることがない人たちが時間を持て余すようになり、そのニーズを立ち飲み屋がつかんだのです。

▼短時間だから誘いやすい

立ち飲み屋の繁盛と関連する社会変化として、タイパも影響しています。

タイパはタイムパフォーマンスの略語で、時間効率の良し悪しを表す言葉です。コスパ（コストパフォーマンス）の時間版として若い人たちを中心に重視されるようになった新し

い価値基準で、三省堂が発表する２０２２年の「今年の新語」では大賞になりました。

タイパを重視する行動としては、例えば、映画や動画を倍速で見る、音楽のサビだけを聴く、まとめサイトでニュースを読むなどがあります。このような行動が広まるのは、**「時間を無駄にしたくない」という気持ちの表れであり、時間の価値が高まった**ともいえます。

その点から見ると、立ち飲み屋ではすぐにドリンクとフードが出てきます。予約も必要ありません。滞在時間も1〜2時間ほどで、短時間で飲み、楽しめるという点でタイパに優れています。

また、短時間で飲めるため飲み相手を誘いやすくなります。飲みニケーションを避けがちな若い人たちも、「1時間ぐらいなら行ってみよう」と思うでしょう。

立ち飲み屋に女性が多いのも**誘いやすいため**です。元来、立ち飲み屋は、女性にとって入りづらい場所の代表でした。しかし、立ち飲み屋を見ると女性もいますし、女性が来店しやすい店づくりを意識して、ワインや洋酒を提供する欧風スタイルのバルのような立ち飲み屋なども増えています。

女性が入りやすいという点でもう1つ重要なのは、**店内の様子が外から見えること**です。どんなお客さんがいて、どんな店員がいて、どんな内装なのかが外から確認できることで、女性は安心して店に入ることができるのです。

ちなみに、このアプローチは定食チェーンの大戸屋と逆です。大戸屋は地下や2階に店舗があることが多く、店内の様子が見えづらいのが特徴です。一方で、女性は1人で入っていくところや1人で食べている様子を見ら

短時間で満足できるタイパ対応型事業が伸びる

タイパを意識する人に向けたマーケティング方法

タイパとは、時間対効果を意味する「タイムパフォーマンス」のこと

タイパを意識する人の特徴

働き方における特徴

- ☑ 対面よりもWeb会議を選ぶ
- ☑ ウェビナー受講を好む
- ☑ タスクマネジメントを強く意識する

消費における特徴

- ☑ SNSで情報収集を行う
- ☑ ネタバレ消費を好む
- ☑ 「タグる」や「タブる」を実践する

タイパを意識したマーケティング方法

ショート動画コンテンツの活用

スキマ時間を意識

クイックコマースの視点で考える

忙しい現代人にとって時間は重要な価値を持つ。短時間で無駄なく楽しめる仕組みづくりが成功のポイント。

出典：「ツギノジダイ」（朝日インタラクティブ）

れたり、料理をしない人だと思われたりすることを嫌がる傾向があります。そういう不安を、外から見えない店づくりによって解消しているわけです。

立ち飲み店は中を見せて、定食店は中を見せないという点でアプローチは違いますが、女性が快適に利用できるようにするにはどうするかという点で目の付け所は同じです。

▼対話不足の反動が追い風

コロナ禍をきっかけにリモートワークや在宅勤務が増えたことで、通勤などの負担が減りました。

一方では対面のコミュニケーションが減り、自粛推奨の期間を通じて誰かと空気や雰囲気を共有したいという願望が蓄積されました。

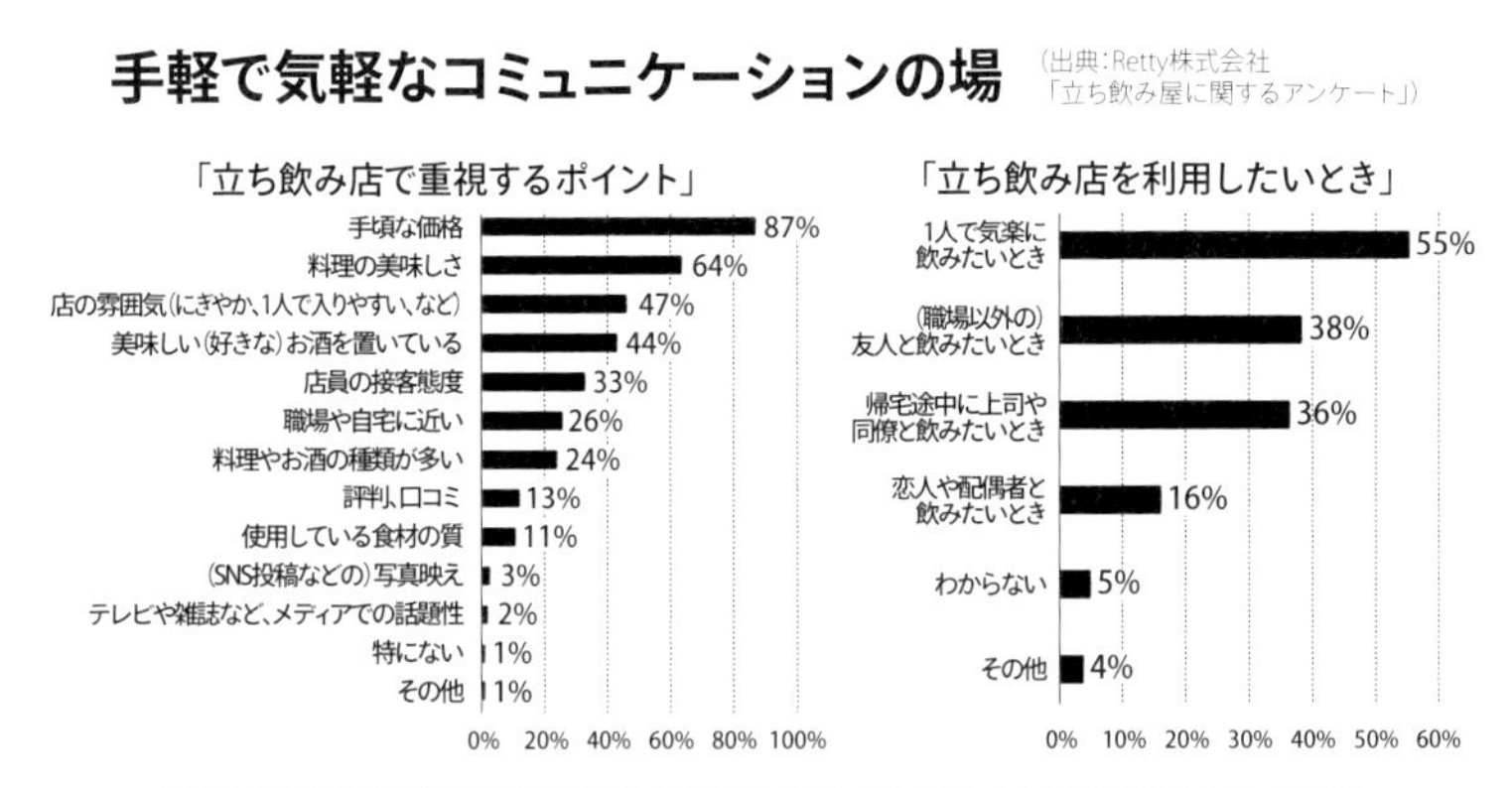

「安くて美味しい」は今や当たり前。競争が激しい飲食店業界を生き残るためには差別化要因になる価値が必要。

コロナ禍が一段落したとき、その気持ちの受け皿となる場が求められました。立ち飲み屋は前述の通り気軽に仲間を誘えます。店員や、たまたま居合わせた人との距離が近く、飲みながら仲良くなることもあります。

立ち飲み屋についての調査でも、利用する目的の1位は「1人で気楽に飲みたいとき」（55％）ですが、2位は「（職場以外の）友人と飲みたいとき」（38％）、3位には「帰宅途中に上司や同僚と飲みたいとき」（36％）が挙がっています。

つまり**立ち飲み屋は人と直接話し、リアルにつながることに飢えていた人たちの需要に応え、心の隙間を埋めている**ため、多くの人が集まるのです。

1-3 コンビニはいつから日用品を置くようになったのか？

▼買い物のスタイルが変わった

便利さは繁盛店の共通項です。便利な商品やサービスを提供することが来店理由になり、来店需要を生み出すことにつながります。

そのニーズに応えて成長してきた代表例がコンビニです。コンビニは24時間営業ですから、急な買い物にも対応できます。肉や野菜なども売っています。

近年はコンビニの多機能化が進み、ＡＴＭでお金をおろす、宅配便を送るといった用事も済ますことができ、その名の通りコンビニエンス（便利さ）が増しています。

また、最近は2リットルの水、ティッシュペーパー、トイレットペーパーなど日用品の扱いも増えています。こうした品揃えの拡充によって、働く人や忙しい人を中心にコンビニをスーパーマーケット代わりに使う人が増えました。

この背景にある社会変化は、働く女性が増えたことです。専業主婦世帯と共働き世帯の数が逆転したのは１９９０年代のことです。80年代に入るまでは専業主婦世帯が共働き世帯の2倍を占めていましたが、２０２２年の調査ではその数は逆転し、共働き世帯が専業主婦世帯の2倍を占めるようになりました。未婚者も含む女性全体で見れば、働く人のほぼ半分（45％）が女性です。

仕事をする女性は日中に買い物をすることが難しいため、夜遅くまで開いている店を求

めます。調査を見ても、専業主婦層の多くが午前中に買い物をしているのに対し、仕事をする主婦層の多くは15時から18時に買い物をしています。

また、仕事をしていると買い物に使える時間が少なくなります。**安くてお得な商品を求めてあちこちの店を回る時間が減り、最小限の移動で必要なものが揃う店が重宝され、その結果としてコンビニの価値が高まった**のです。

▼「便利さ」に価値が高まった

コンビニの便利さの変遷を見てみると、1974年に1号店をオープンしたセブンイレブンは、当時のキャッチコピーとして「開いててよかった」を掲げていました。これは夜中でも開いている便利さをアピールするものです。

当時は夜中に買い物できる場所がなく、夜中の買い物ニーズを一手に引き受けることを成長のきっかけにしました。

ちなみに、夜の買い物需要で成長したという点ではドン・キホーテも同じです。ドンキは、あらゆる商品を揃え、それらを安く売るとともに、生活時間が24時間化している都市部において深夜営業を先駆けたことで大きく成長しました。

コンビニ業界に話を戻すと、街中にコンビニが増えたことで、夜に買い物する不便さが解消され、「開いててよかった」ありがたみが薄れました。

この変化を踏まえて、セブンイレブンのキャッチコピーは「開いててよかった」から「近

専業主婦世帯よりも共働き世帯のほうが多い

（総務省「労働力調査」）

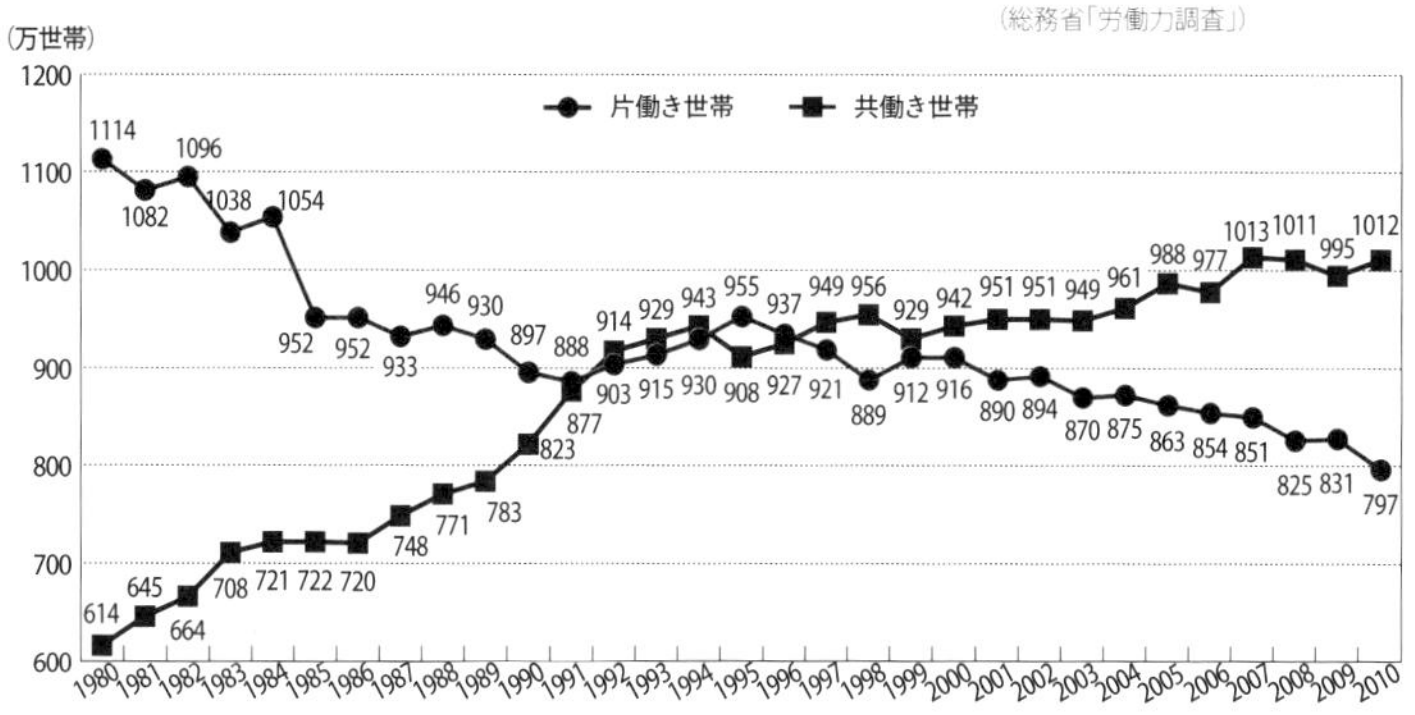

（注） 1 「片働き世帯」とは、夫が非農林業雇用者で、妻が非就業者（非労働力人口及び完全失業者）の世帯。
2 「共働き世帯」とは、夫婦ともに非農林業雇用者の世帯。
資料出所：総務省「労働力調査特別調査」、「労働力調査」より国土交通省作成

働く女性の割合

（総務省「労働力調査」）

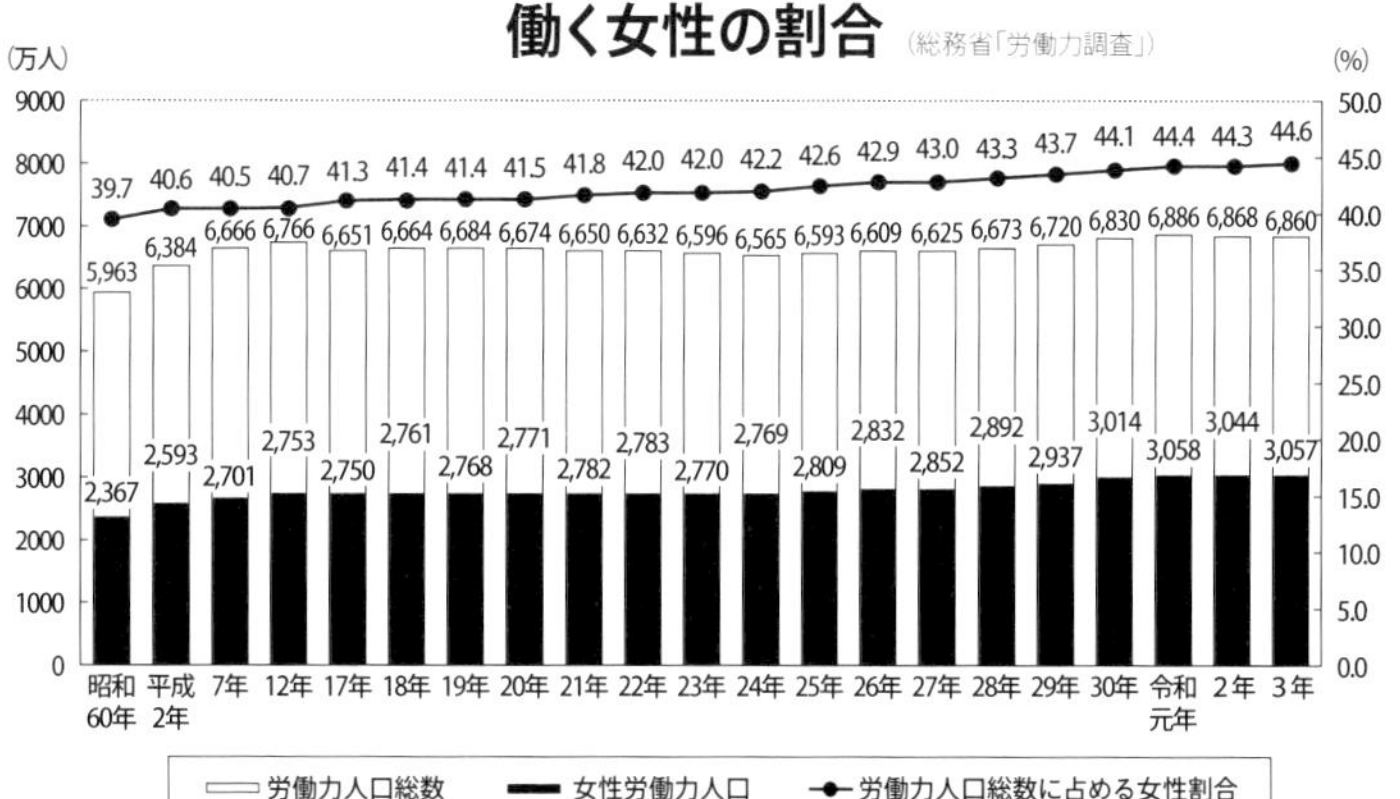

資料出所：総務省「労働力調査」

女性が働くことが普通になりライフスタイルが変わった。
働く人の目線で便利なモノやサービスが求められている。

くて便利」に変わりました。コンビニの価値を「夜でも開いている店」から「近くて便利な店」に変えたわけです。

▼便利なら高くても売れる

コンビニの強みである「便利さ」は、忙しい人が増えることによってその価値を高めています。

今後もコンビニをスーパー代わりに使いたい人たちは、すぐに飲むための500ミリリットルの飲料だけではなく、買い置きのための2リットルの水をコンビニで買うでしょう。

コンビニの商品は基本的に定価販売ですから、価格で比べればスーパーで買ったほうが得です。そのことは消費者も知っています。

しかし、夜でも開いていて、スーパーよりも店舗数が多いため、コンビニの水を買います。ティッシュペーパーやトイレットペーパーも買います。つまり**「便利さ」は「安さ」に対抗する武器になる**ということです。

これは日用品や価格競争が起きやすい商品を扱っている企業にとってヒントになるでしょう。日用品などは品質の差がつきづらく、そのせいで価格競争が起きます。

しかし、そこに便利さ（便利に買える）という価値をつけることで高くても売れるようになるのです。

働く女性の買い物頻度 (出典:リサーチプラス)

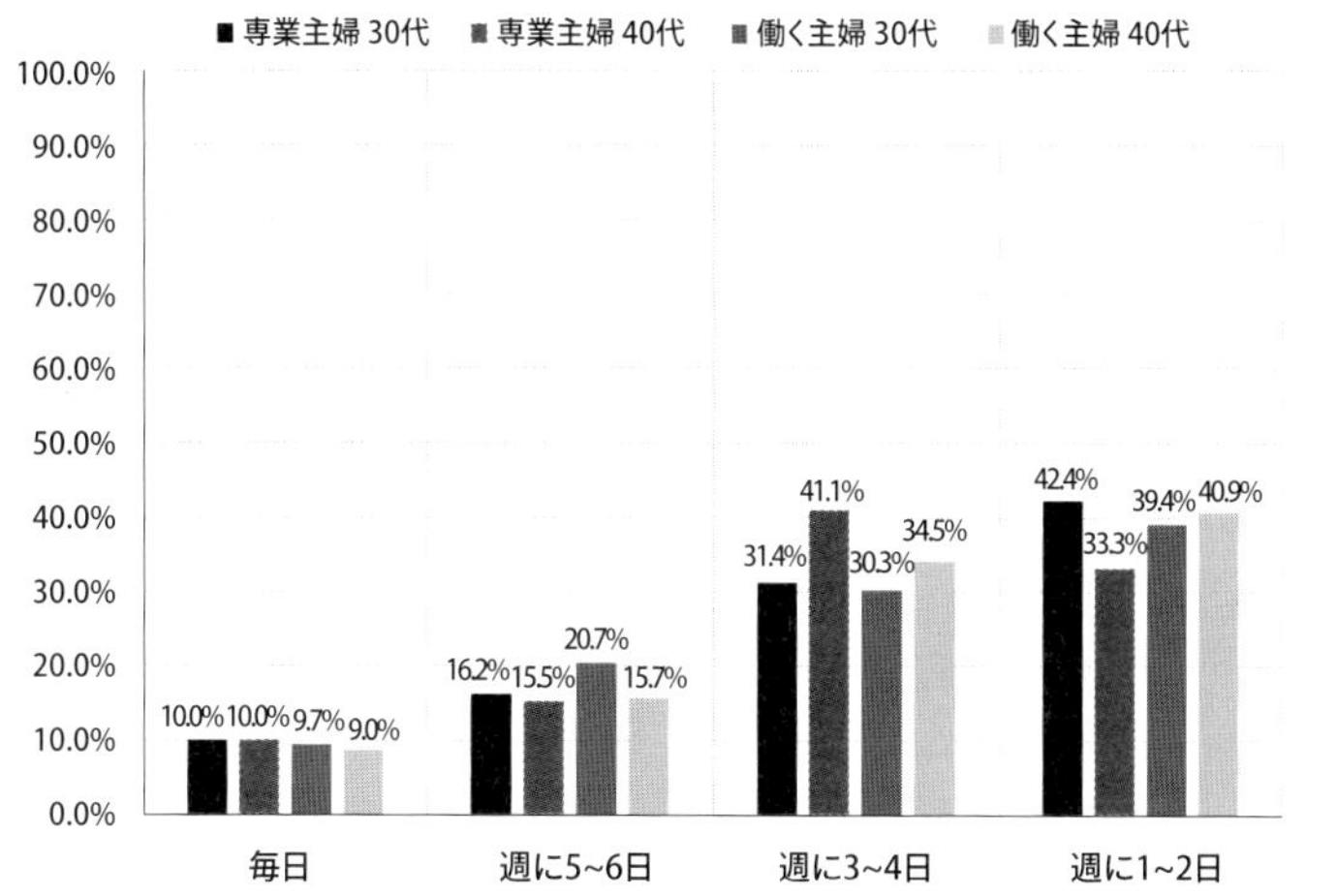

買い物する時間帯の違い

	専業主婦		働く主婦	
	30代	40代	30代	40代
開店~12:00	56.0%	46.6%	27.7%	25.8%
12:00~15:00	20.9%	22.3%	19.4%	17.4%
15:00~18:00	16.2%	22.0%	38.7%	37.7%
18:00~21:00	5.8%	7.8%	14.2%	18.0%
21:00以降	1.1%	1.3%	0.0%	1.2%

仕事をしている人としていない人とでは買い物する時間帯が異なる。買い手に便利な買い物環境を整えることが収益アップにつながる。

ラーメン屋はなぜ麺の硬さが選べるのか？

▼個人の心をつかむとファンが増える

多様性が重視される社会になりました。多様性は、簡単にいえば「みんな違って、みんな良い」ということです。

個人の好みに合わせた商品やサービスの提供は、消費者の満足度を高める効果があります。

例えば、スターバックスはミルクの種類や量などを変えることによって自分好みの飲み物にカスタマイズすることができます。

カレーチェーンのCoCo壱番屋は、ルーの辛さを甘口から20辛まで選べます。ライスの量も変更でき、好きなトッピングもできます。

ラーメン屋も好みの具材をトッピングでき、油の量や麺の硬さを指定することができます。これらはいずれも多様性への対応です。

このようなカスタマイズ対応は手間と時間がかかります。また、見返りとしての利益も決して大きくありません。

ラーメンを例にすると、売値１００円、利益50円の煮卵をトッピングしてもらうために時間をかけるよりも、回転率を上げて１人でも多くお客さんを入れた方が売上は増えます。

それでもカスタマイズにこだわる理由は利用者の満足度が高まるためです。自分好みの味をつくれる（つくってくれる）ことがリピートしたい気持ちにつながり、それが中長期で通うファンづくりになるのです。

▼競合店との差別化になる

カスタマイズ対応は競合店との差別化にもなります。例えば、最近はグルテンフリーやビーガンなどに対応した料理を提供する店があります。

これらはフードダイバーシティといわれ、細やかに対応することによって顧客層が広がり、店の特徴をつくることができます。

言い換えると、多様性への対応は、大量生産と大量消費からの脱却につながるということです。

モノ不足だった時代と違い、今は良質なモノが安く買えます。その環境に慣れたことで、消費者は大量生産されたありきたりなものでは満足しなくなりました。安くて良いものは

相変わらず人気がありますが、高くても良いのでさらに良いものを求める人もいます。モノの質だけでなく、モノが提供される環境にこだわる人もいます。

そのニーズに応える手段がカスタマイズであり、大量生産と大量消費によるマスプロダクションに対して、**個人の好みをより深く捉えるパーソナルマーケティングが求められるようになった**のです。

▼商品が生み出す3つの価値

さらに一歩掘り下げると、商品やサービスには3つの価値があります。

1つ目は、ユーザーにどのように役立つかを示す**「機能的価値」**です。

多機能なスマートフォンは機能的価値が高い商品です。事業としては、安くて美味しい牛丼やハンバーガーなども機能的価値が高いといえますし、あらゆるサービスに対応するコンビニも機能的価値が高い店といえます。

2つ目は、ユーザーの感情に訴えかける**「情緒的価値」**です。

例えば、店の雰囲気や接客などが良い高級レストランは、味だけでなく利用者の感情も満たすという点で情緒的価値が高いといえます。ディズニーランドなども情緒的価値が高い施設といえます。

3つ目は、ユーザーそれぞれの価値観に合うかどうかを意味する**「自己表現的価値」**です。カスタマイズやパーソナルマーケティングはこの領域で価値が高いといえます。

前述したマスプロダクションからパーソナルマーケティングへの流れを踏まえると、モ

大量生産の時代から個別対応の時代へ

顧客ニーズを
平均値で把握
→
平均値の商品を大量生産
マスプロダクション
→
売り切り

第四次産業革命

顧客1人1人の
ニーズを把握
パーソナルマーケティング
→
顧客1人1人のニーズに
あった商品を個別生産
カスタムプロダクション
→
ものづくりのサービス化
メンテナンス、部品交換
囲い込みによる次の商品の販売
→

大量生産、大量消費の時代は平均的な商品が売れた。
現代は個人のニーズに合わせる商品づくりが求められている。

出典：「製造業のカスタム化とサービス化」（経済産業研究所）

ノが十分に行き渡るようになったことで、世の中には機能的価値、情緒的価値が高い商品とサービスが浸透しました。

その結果、新たな価値が求められるようになり、自己表現的価値が高いカスタマイズや、カスタマイズ可能な店の人気が高まるようになったということです。

カスタマイズ可能なラーメン店は、その方法で成長しています。これは他の業種でも応用できる方法で、多様性時代のビジネスの成功を支えるためのポイントともいえるでしょう。

満足度を高める価値のピラミッド

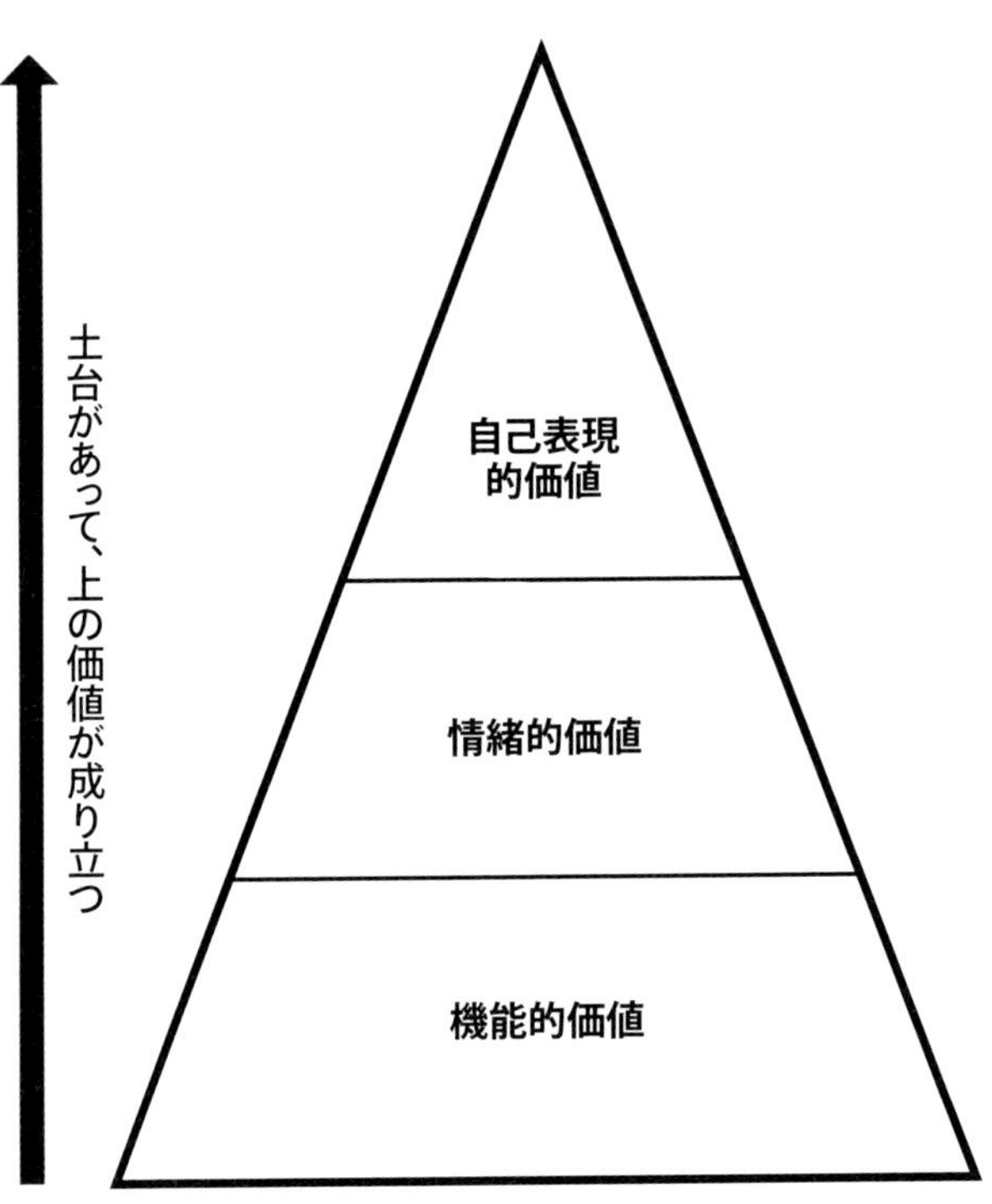

あらゆるものが手に入る時代では、機能（安い、便利、美味しいなど）だけでは差別化にならない。
感情や感覚を満足させる商品が求められている。

1-5 高級品のレンタルがなぜ流行るのか？

▼所有から利用へ

「断捨離」という言葉が流行ったのは2010年のことです。この年の流行語にノミネートされて以来、モノを増やさないシンプルなライフスタイルが注目され、近年では、必要最低限のもので暮らすミニマリストの暮らし方も注目されるようになりました。

大量生産と大量消費の時代を振り返れば、これは大きな社会変化です。高級ブランド品のレンタルサービスは、この変化を捉えた事業の一例といえます。

従来の社会では、ブランド品を持つことに価値がありました。90年前後のバブル経済期が分かりやすい例で、身につけているものがその人の価値を表し、高級品を買う力があることが他者との差別化要因になっていました。

一方で、レンタルは借りることですので所有はしません。高級品のサブスクリプションサービス（サブスク）も「所有から利用へ」をコンセプトとするサービスです。

これらのサービスの流行は、買ったり持ったりするニーズが低下したことを表しています。高級車のレンタルが流行っているのも同じ理由です。

▼借りたほうがラクと気づいた

ここで重要なのは、高級品に対する憧れが消えたわけではないということです。高級品

を持つ満足感や承認欲求は今でも求められています。

ただ、消費者が求めるのはその実感で、「商品そのものの所有者でなくてもいい」と思っています。所有するとお金がかかりますし、狭い家の場合は置いておく場所にも困ります。バッグをクリーニングに出したり、車をメンテナンスに出したりしなければなりません。

一方、購入せずにレンタルで利用できれば節約になりますし、メンテナンスの手間もかかりません。

使用料（レンタル料）は割高になりますが、その差額を払ってでも借りたりシェアしたりするほうがラクです。このわがままで合理的な欲求に応えているのが高級品のレンタルなのです。

高級品のレンタルが流行る社会背景としては、シェアの考えが浸透したことが挙げられます。

シェアと、シェアを軸とする経済圏（シェアリングエコノミー）は、コロナ禍の感染予防で他人との接触が敬遠されたなかでも着実に伸びました。

カーシェア、部屋や会議室などスペースのシェアなどを利用する機会が増えたことで、世の中の人が買うよりも借りたほうが経済的で合理的であることを実感したのです。

とくにファッションは流行があるため、最新の流行を追い続けるのは大変です。経済的な負担も大きくなります。

その点でも、**流行りのものを借りるのは合理的で、シェアの考えが浸透したことで多くの人が「借りたほうがいい」と気づいた**のです。

所有する満足感よりも利用する満足感

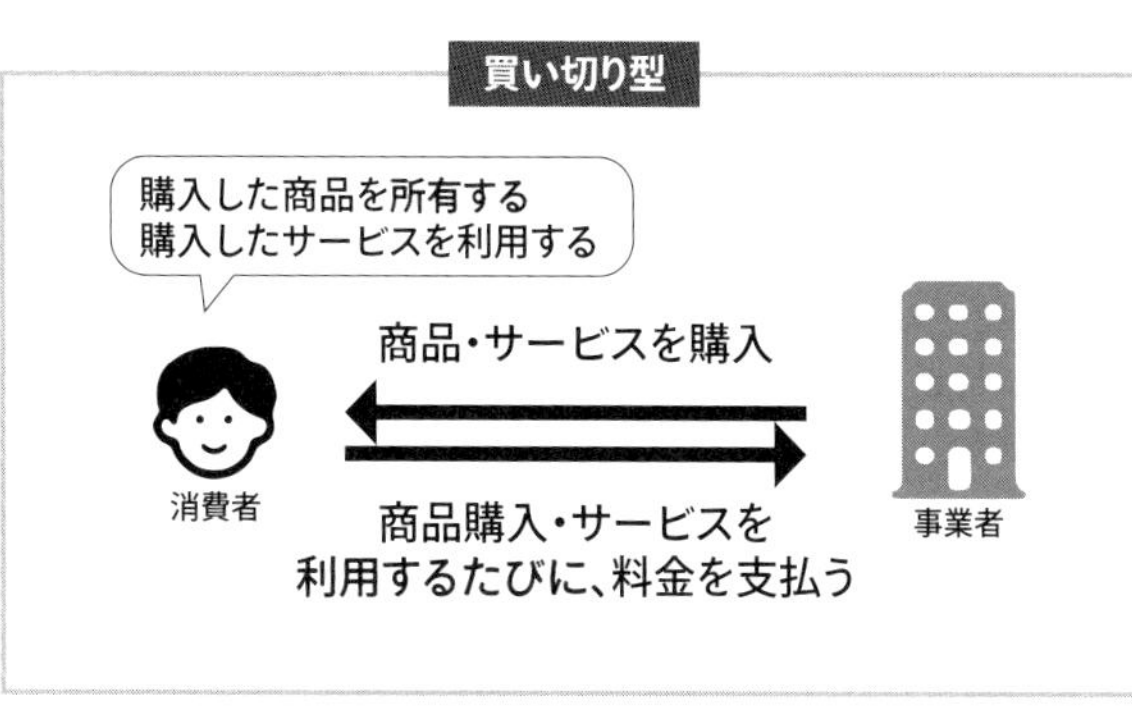

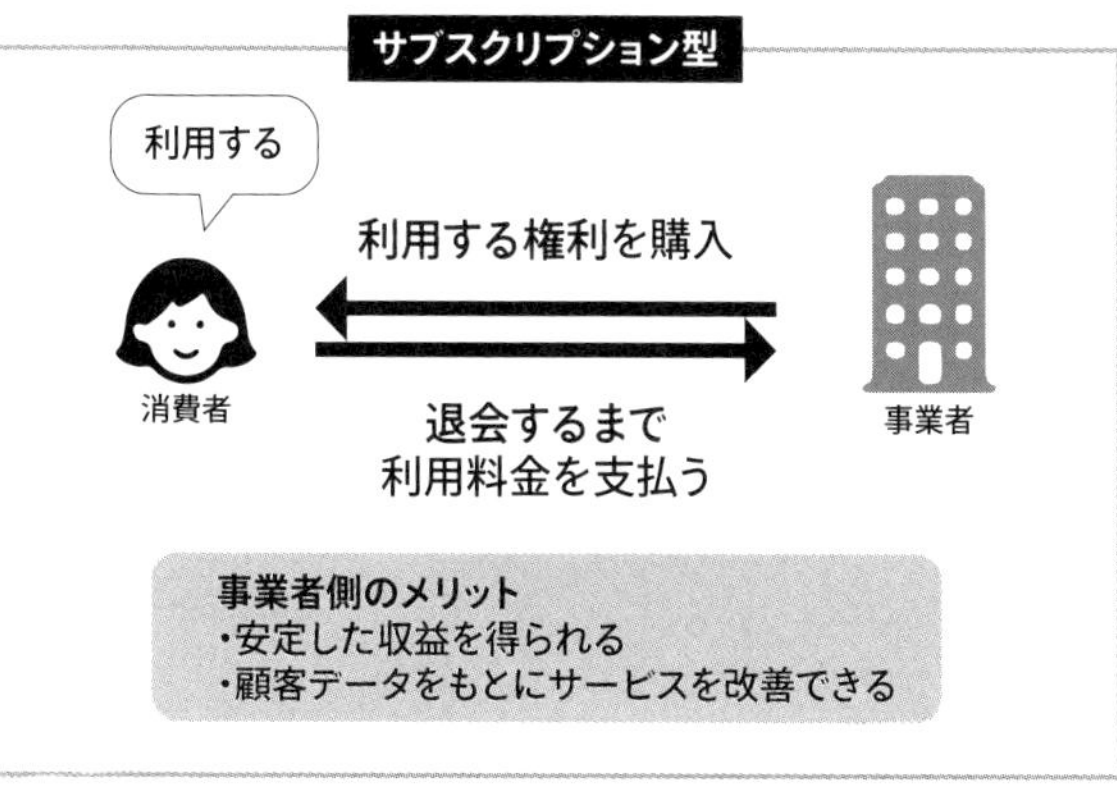

利用を前提とした事業モデル（サブスクリプション）が普及し、消費者はモノを持たない快適さを実感。場所を取らず料金負担も小さい消費を求める人が増えている。

出典：SB ペイメントサービス「サブスクリプションモデルとは？買い切り型との違いや事例を紹介」

▼感覚的な価値は無限に生み出せる

従来のビジネスは売買を前提としていました。しかし、時流は貸し借りであり、サブスクのような仕組みを使って好きなときに借り、そのニーズに応えることです。

これは貸す側である事業者にもメリットがあります。収益面から見ると、1回あたりの収益は貸すよりも売ったほうが大きいのですが、貸し続けることで小さな収益が蓄積されていきます。

単発的な売買による収益が中長期的なレンタルの収益に変わることで、収益が安定しやすくなります。

また、高級なバッグなどは所有者の使用頻度が少なく、「持っているけど使っていない」人もいるものです。そのような人を仕入れ先とすることで、貸し出すための商品を安く調達することもできます。これは高級品以外のビジネスにも応用できるでしょう。

売ったらそこで収益の継続性はおしまいです。しかし、レンタルは商品そのものではなく、商品の利用体験を売ります。

収益を生む商品を資本として手元に持ちながら、その商品が生む感覚的な価値（満足感、優越感、充足感など）を売ります。その価値こそが消費者が求めるものなのです。

サブスクは収益が安定しやすい

"モノ"売り

収益

期間

■単価×数量
■一時点で、できるだけ高い価格で、
より多くの数量を購入してもらうことで
収益が増加

誰が、何を、いつ、いくらで
購入するか予想できない

サブスクリプション

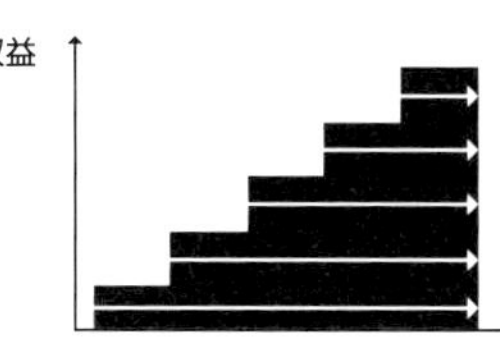

■契約数×単価×契約期間
■解約がなければ定期的に
収益が上がり続け、新規獲得顧客分の
定期収益も積み重なる

収益の予見性が高く、
加速度的な収益増加も期待できる

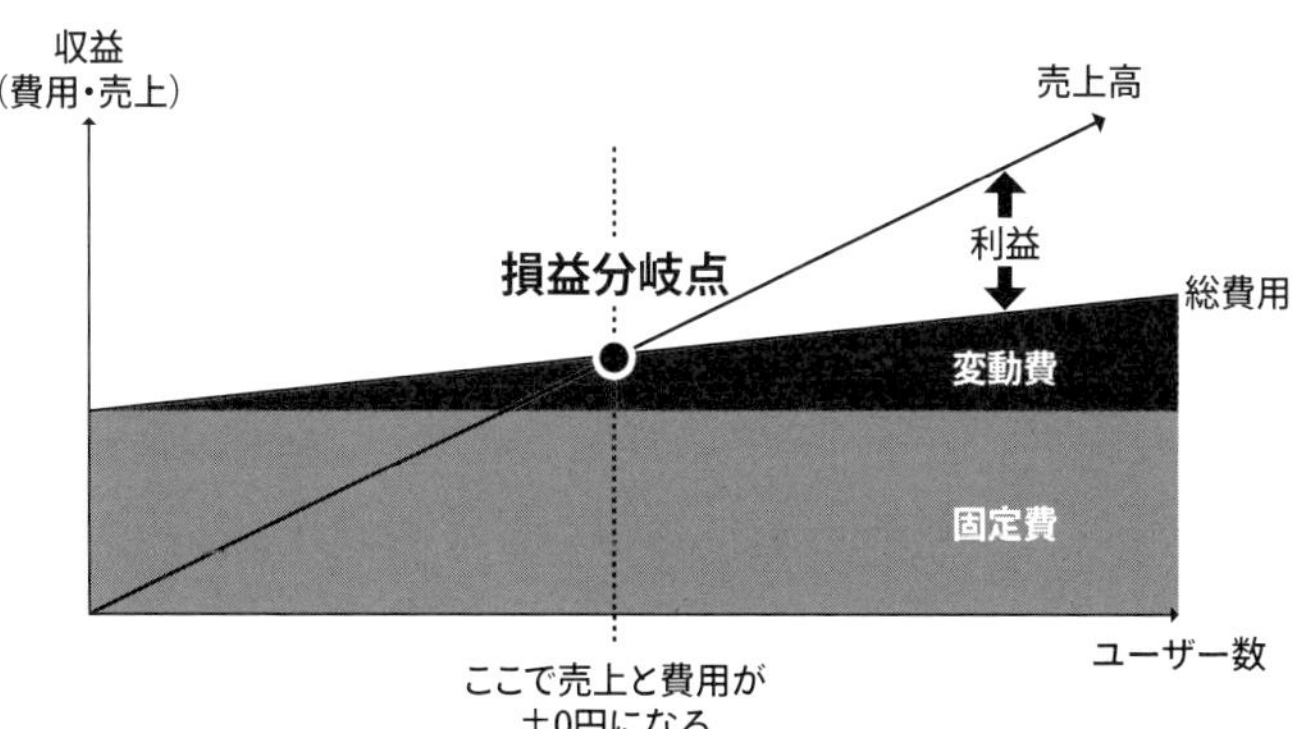

売買を前提とする従来型の事業モデルは収益のムラが出やすい。定額利用のサブスクは収益が安定しやすく、損益分岐点以降は利益が伸び続けるのが特徴。

存在価値が明確な企業はなぜ成功するのか？

▼企業は存在価値を問われている

パーパスは存在意義を意味する言葉です。近年では、企業の存在意義を明確にして事業をするパーパス経営が重視されるようになりました。

一方で、従来の経営は、顧客、取引先、従業員の視点に立って適正に稼ぐことができれば合格でした。

調査（東京商工リサーチ）によると、国内企業の6割以上は赤字法人ですから、黒字経営できるだけでも十分に評価されたのです。

しかし、現代においてはそれだけでは不十分です。

企業は社会のインフラを使って収益を生み出しています。その過程では環境に負荷をかけているかもしれません。社会に負担をかけながら活動しているのだとすれば、もしかしたらその企業は必要とされない企業なのかもしれません。

そのような視点で企業の存在意義を問い直すのがパーパス経営の考え方です。存在意義の証明は、人、地域、社会、環境、未来といった大きな枠組みの中で、自分たちの会社はどんな貢献ができるかを示すことです。

そのメッセージを社内外に発信し、**社会全体に「存在価値がある会社」と認められることが、会社や事業を成長させていくための重要なポイントになった**わけです。

▼「社会」にとっての価値が重要

この変化で重要なのは、社会の視点に立った評価に目をむけることです。

パーパスと似たものに企業理念や経営理念がありますが、これらは企業としてやりたいことや目指す姿を示すものです。つまり自分たちの視点に立ったメッセージで、自分たちが主体です。

一方の**パーパスは、社会にとってどんな価値がある企業なのかが問われます。**例えば、地域経済の発展に貢献できるかもしれません。新たな技術で未来の生活を便利にできるかもしれません。そのような貢献を期待される企業が地域や社会に応援されます。

応援者が多いほど商品やサービスは売れやすくなります。「一緒に地域を良くしていこ

う」「ともに未来を良くしていこう」と共感する取引先、パートナー、従業員が増えることで事業が発展していきます。

パーパスは、そのためのフックとしても重要で、だからこそ存在意義を明らかにし、発信することが大事なのです。

▼人の資本としての価値が高まる

パーパスは、外向きに発信することで消費者などを味方にすることができます。ただ、いくら崇高なパーパスを掲げても実態が伴っていなければ意味がありません。その実態をつくっているのは経営者と従業員です。

その視点から考えると、**パーパスは内向きに発信し、まずは自分たちが存在意義を理解することが大事**です。

パーパスが理解されれば、そのパーパスに共感する人が入社しますので従業員の質が高くなります。

共感度合いが高いほど従業員が一致団結しやすくなりますし、仕事のやりがいを感じやすくなり、離職率も下がるでしょう。パワハラ、セクハラ、横領、バイトテロといった問題も起きにくくなります。

経営者が「社会のため」「未来のため」といったパーパスを理解することで、目先の収益を追う考えが変わり、社会に評価される会社を目指す意識が高まるはずです。

税務の観点で見ると、企業はお金という資本を使って事業をし、その使い方が良いほど経営がうまくいきます。

また、**近年は人も貴重な資本であると考える経営（人的資本経営）が広がり、彼らの価値**

企業の存在意義を可視化する

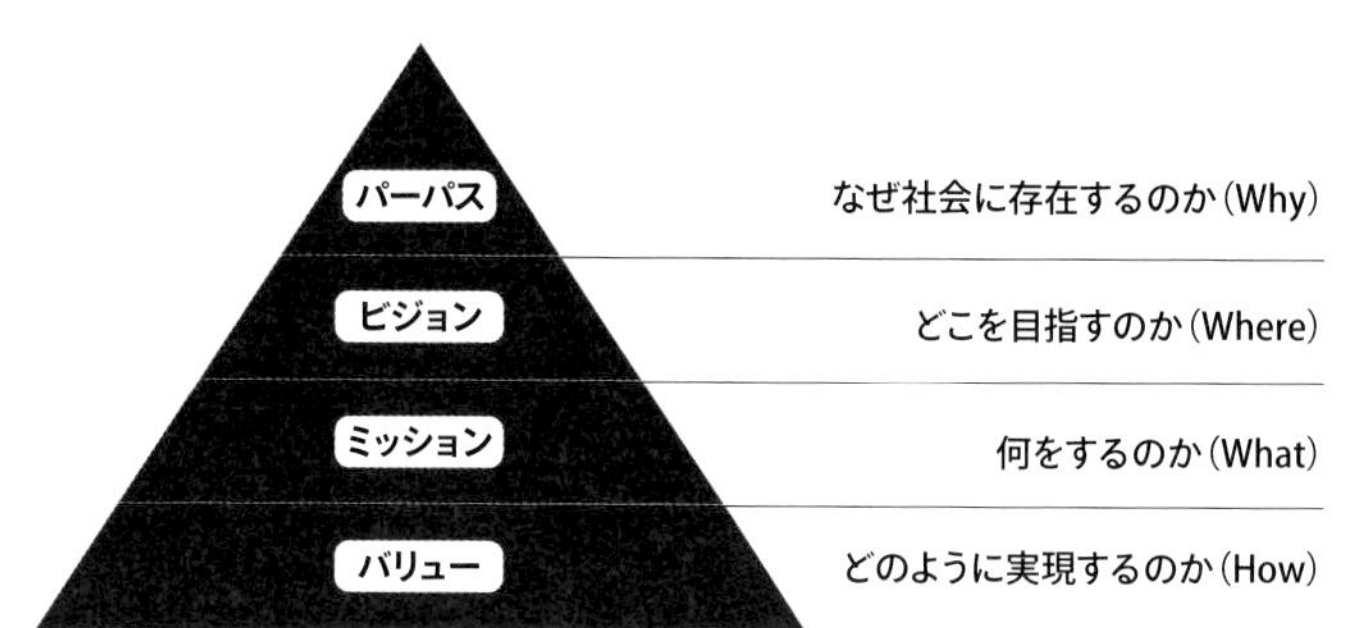

社会にとって必要な会社は、社会に応援される。パーパスを通じて、自分たちの事業にどんな価値があるのかを明確にすることが重要。

を引き出し、伸ばすことによって成長する企業も増えています。

人は、財務諸表の中ではコスト（人件費）として扱われますので、資本には含まれません。「うちには地域愛が強い従業員がいる」「環境問題の解決に熱心な従業員がいる」といった情報は財務諸表には載らない非財務情報です。

しかし、実際には彼らが企業を成長させ、新たな価値を生み出します。その力を最大限に発揮するためにもパーパスが必要であり、浸透させるほど企業は成長するのです。

社外の視点で価値を考える

社会における組織の存在意義

トップダウンの
行動指針

パーパス経営
インナーブランディング

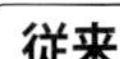

従来

今後

労働集約型事業

投入することで、その量に応じて価値を生み出すことができる。人材の「量」の確保とその「管理」がカギとなる。

人は「資源」

知的創造型事業

投資することで、飛躍的に価値を増大させられる可能性がある。人材の「質」の向上とその「活かし方」がカギとなる。

人は「資本」

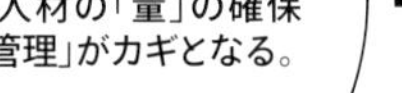

パーパスが共感されるほど社内外の応援者が増える。社内では、パーパスを共有しながら同じ目的に向かって取り組めるようになり、彼らへの投資を通じて人が重要な資本になる。

1-7 SDGsはどのように経営と関わるのか？

▼社会課題への関心が高まっている

世の中の役に立つことをしたい。そう考えている企業にとって、いまの社会は最適です。

環境の面では、インターネットを当たり前に使う現代のビジネス環境は、ありとあらゆる情報が入手できます。

このネットワークを使うことで、他の企業の取り組みや具体的な方法を知ることができますし、自分たちの活動を世界に発信することもできます。

関心の面では、世の中全体として社会課題への関心が高まっています。世界的な課題としては、環境、貧困、人権、食糧問題などがあります。国内だけで見ても、人口減少、少子高齢化、地域格差などがあります。規模や分野はさまざまですが、これらは日常的にニュースなどで目にしますし、普段の暮らしや仕事の中でも異常気象や人手不足などを通じて課題の存在を実感しています。

そのため、**世の中の役に立つ取り組みも注目されやすく、そのような取り組みに熱心な企業ほど社会に支持されやすくなる**のです。

▼SDGsが社会貢献のヒントになる

良い行いはさまざまな分野があります。社会の関心度が高いという点ではSDGsに関連するような社会課題の解決につながる取り組みは積極的に取り組む価値があります。

ものづくりでは、例えば、コーヒー豆やカカオのフェアトレードに力を入れている企業が増えています。

「ブラックサンダー」の有楽製菓もその1つで、同社が原料として仕入れるカカオを児童労働を伴わないカカオに切り替えています。これはSDGsの目標10「人や国の不平等をなくそう」に関わる取り組みで、同社やブラックサンダーのファンを増やすことにつながっています。

サービス業では、ANAグループが障がい者雇用に力を入れ、そのためのプロジェクトをグループで推進しています。これはSDGsの目標8「働きがいも経済成長も」に関わります。

雇用に関しては女性の活躍推進（SDGsの目標5「ジェンダー平等を実現しよう」も重要で、例えば、日本コカ・コーラは女性管理職比率を20％に引き上げることを目標に掲げています。

これらは一例に過ぎず、他にも多くの企業が社会課題の解決に貢献していいます。何に取り組めばよいか分からない場合は、SDGsの17の目標を見直してみたり、似た業種の企業がどんなことに取り組んでいるか調べたりしてみれば、自分たちにできることが見つかることでしょう。

▼事業と関わる課題は何か

中小企業経営者の中には、社会課題は大手企業が取り組むものと考えている人もいるかもしれません。

実際、大手企業のほうが人やお金といった

社会の役に立つ企業が長生きする

最も重要で包括的な目標
パートナーシップで目標を達成しよう

経済(4つ)
経済成長　産業　不平等　資源循環

社会インフラ(8つ)
貧困　まちづくり　平和　エネルギー　健康　教育　ジェンダー　飢餓

環境や生物(4つ)
森　海　水　気候変動

企業はそれぞれ大小さまざまな社会課題を解決している。
SDGsの17のゴールは、企業の存在価値(パーパス)を定めるヒントになる。

リソースの面で余裕がありますし、課題解決につながる技術やノウハウを持っていることも多いといえます。目標1の貧困問題や、目標2の飢餓の問題などは、大手企業よりも大きな国家のレベルでないと解決が難しいともいえます。

しかし、**社会課題や、その原因を細かく見ていけば、中小企業が持つ技術が解決の一助となる可能性もあります。**大手企業と比べ、中小企業は地域とのつながりが強いため、地域経済の成長やジェンダー平等の実現などは中小企業のほうが取り組みやすいかもしれません。

社会課題はさまざまな分野にわたっているため、全てに関わるのは不可能です。全てに関わる必要もありません。自分たちの事業、技術、ノウハウなどと社会課題のつながりを

細かく掘り下げていけば何かできることが見つかるはずです。例えば、物販の事業なら運送にかかるCO_2を減らせるかもしれませんし、飲食業なら食品ロスを減らせるかもしれません。

重要なのは、**一部分だけでも良いので社会課題と関わることです。その一部分の取り組みを継続し、社内外に向けてアピールしていくことが企業評価を高めることにつながっていく**のです。

▼パートナー選びの基準が変わった

社会課題の解決に取り組むことは、自分たちの事業や会社を守ることにもつながります。

従来の仕事の受発注は、仕事の質、コスト、納期（QCD）などが基準でした。

しかし、いまとこれからの時代は、それらに加えてESG（環境、社会、ガバナンス）や経営の安定性などが問われます。いくらコストが安くても、従業員がブラックな環境で働いていたり、コンプライアンスが甘かったりする企業には仕事が来ません。

発注側である大手企業が環境問題に取り組んでいる場合、CO_2などを垂れ流している企業は発注先から外され、逆に、環境に配慮して事業をしている企業が新たに仕事を受けるようになります。

つまり社会課題への関心が高い世の中では、「社会課題にどう向き合っているか」という基準でサプライチェーンが再編成されるということです。

事業の全体像を見て企業価値を高める

バックキャスティング思考とは

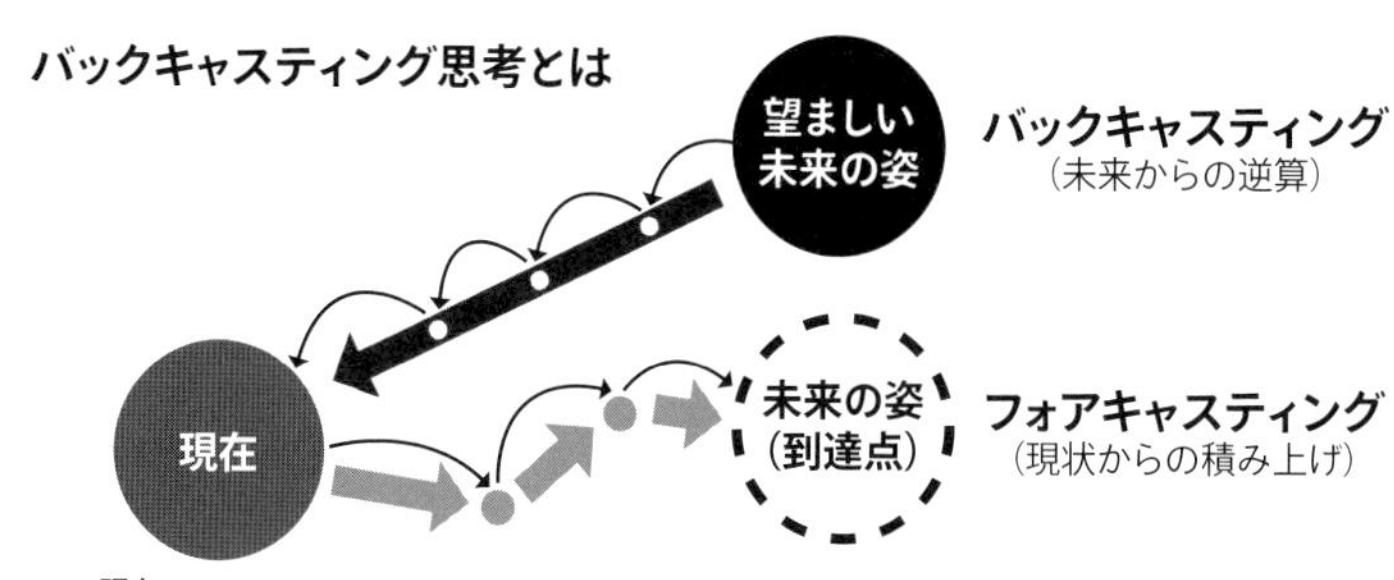

関係性マップ

性別による
差別はしない

地方への拠点展開
による雇用創出

柔軟な働き方
（勤務時間、
日数）

働く人に優し
い資材・シス
テムの開発

センター運営
・マネジメント
技術の育成

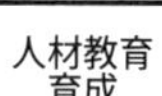
技術開発に
よる「働ける
人材」の拡張

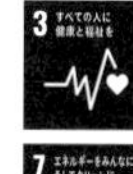
商品提供
による貢献

人材募集採用	資材の調達研究開発	人材教育育成	カスタマーセンターの運営	お客様へのサービス提供	資材の廃棄

同一労働
同一賃金
の実現

働けない原因
（障害者、高齢者
等）をカバーす
る技術の開発

教育システム
開発による
社会課題
の解決

CSR観点から
の森林保全活
動への寄与

商品提供
による貢献

再利用の可否などか
ら資材調達を見直し

企業として目指す姿に近づくためには、現状の積み重ねではなくありたい姿から逆算して考えることが大事。理想像が見えることで現状の事業の改善ポイントも見えやすくなる。

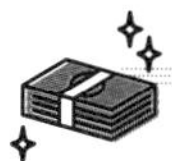

コラム 1

脱・税理士が税理士になったきっかけ

私が税理士になったきっかけは親からの洗脳でした。私の父は税理士事務所を経営していたのですが、私が小学2年生のころ父と母と姉と私の4人で外食に行ったのです。そのとき母は私にこのようなことを言ったのです。

「由一、このような美味しいご飯が食べられるのは、お父さんが税理士だからだよ。だから由一も税理士になりなさい。」

私は母からの一言で「これを食べるには税理士にならなければいけないんだ」と素直に思ったのです。税理士が何かも分からずに――。

私はそのときの場面を今でも覚えています。そのお店は私が生まれ育った三重県鈴鹿市にある「破天荒」という近所の中華料理店でした。そのお店で私がいつも食べていたのは「天津飯」。卵料理がとても好きで、天津飯が大好物でした。小学2年生の私は天津飯の価値が分からず、大人になっても天津飯を食べ続けるためには税理士にならなければいけないんだと思い込んだのです。

ただ、その思い込みも小学校高学年ぐらいから徐々に気づき始めました。税理士という職業が何かよく分かっていませんでしたが、別に税理士にならなくても天津飯は食べられるよねって。

その当時私にはもう1つの夢がありました。それはプロサッカー選手になること。小学校の卒業文集には将来の夢として「プロサッカー選手になる」と書いてあります。税理士になるとは書いていないんです。でも私の中で幼少期に教えられて思い続けてきたことを、脳から完全に削除することはできなかったのです。どこかでプロサッカー選手になれなかったら税理士になるんだろうなぁと思っていました。

プロサッカー選手の夢は高校生のときに諦めて、将来の選択肢は税理士一本となりました。ただ、高校生になっても税理士が何か分かっておらず、どれだけ難しい資格かも分かっていませんでした。

なので税理士になると言いながら高校までは全く勉強せず、クラスでも成績ビリで、大学もどこにも入れてもらえませんでした。そうしたら、名前と住所を書いたら入れてくれる学校があったので、そこに進学しました。とある簿記専門学校です。ただその専門学校も中退して、落ちこぼれまっしぐらでした。

高学歴の父からすれば、息子がこんな落ちこぼれになるなんて思ってもみなかったでしょう。勝手に専門学校を中退して父と大喧嘩をして「もう俺は税理士にならない！」と啖呵を切ったのですが、20歳まで税理士になると思い続けてきて、急に他の仕事のことなんて考えられませんでした。結局私には税理士になるしか道はないと覚悟を決めました。

20歳からそれまでやってこなかった勉強に真剣に取り組みました。落ちこぼれが高学歴の人たちに勝つには人の3倍勉強しなければいけないと思い、20代は勉強中心の生活を送りました。

結果、29歳で税理士になることができたのです。20代の税理士は全体の0・6％しかいないというデータがあるので、落ちこぼれの私にしてはよく頑張ったと思います。そして今でも大好きな天津飯は頻繁に食べています。

40年前に母が私に伝えた話は決して嘘ではありませんでした。洗脳してくれた母に感謝ですね。

第2章

閑古鳥が鳴くお店を行列店に変える集客テク

Bar
んーっ このカクテル おいしー！
初めて来たけど 雰囲気もいいし
ム〜ディ〜
…
サービスも お得だし！
公式SNS 登録で ドリンク一杯 サービス！
さっそく登録しちゃった〜♪
…でもこれだけしか お客さんがいなくて 経営は大丈夫なのかな
ちら…
何か 心配事かな？
くるっ
わっ
菅原先生⁉
!?

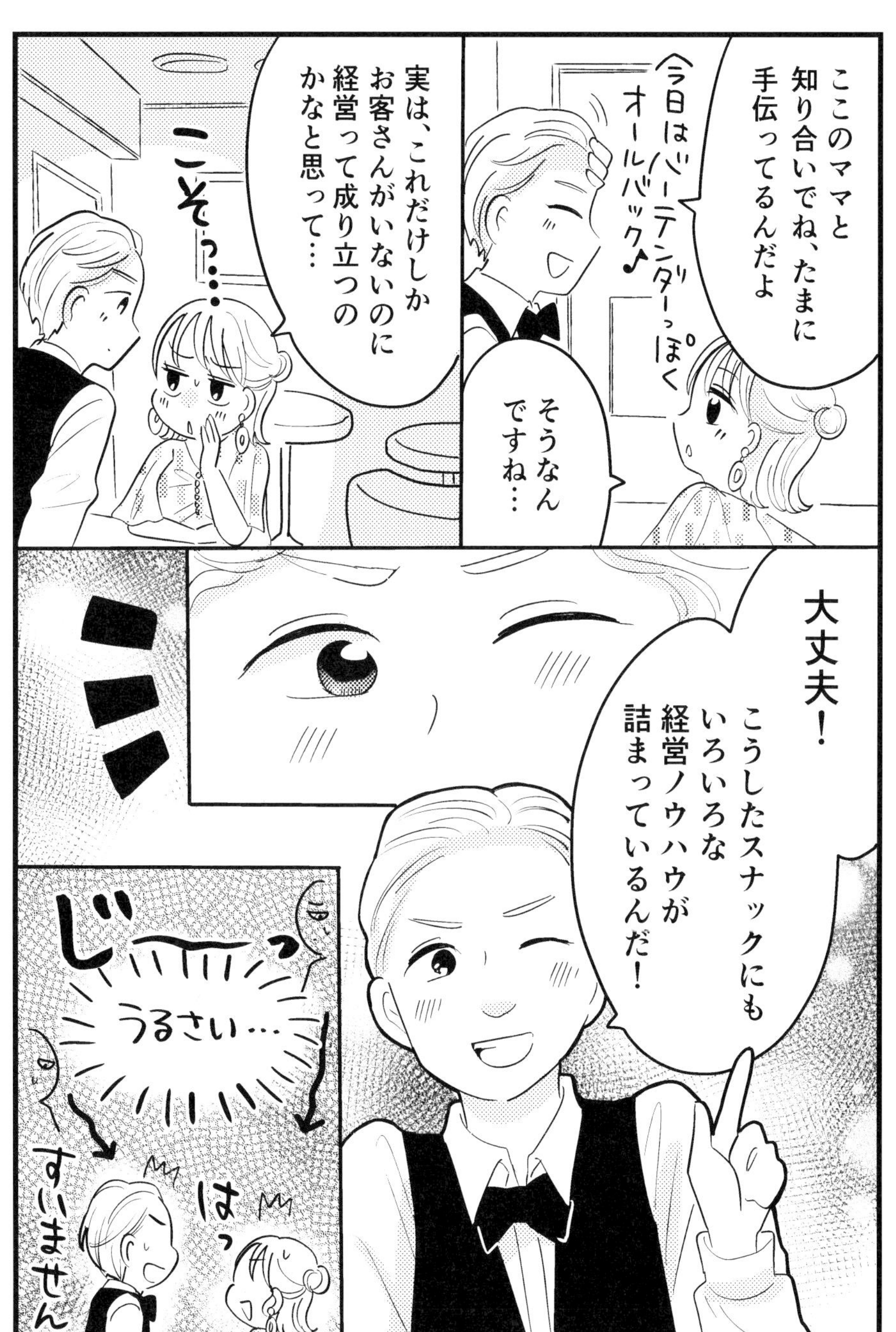
ここのママと知り合いでね、たまに手伝ってるんだよ
今日はバーテンダーっぽくオールバック♪
そうなんですね…
実は、これだけしかお客さんがいないのに経営って成り立つのかなと思って…
こそっ…
大丈夫！
こうしたスナックにもいろいろな経営ノウハウが詰まっているんだ！
じーーっ
うるさい…
はっ
すいません

2-1 場末のスナックはどうやって稼いでいるのか？

▼出店と運営のコストが安い

集客や収益が安定したサステナブルな経営がしたい。そう考える人には、スナック経営が参考になるかもしれません。

スナックはお酒を提供する店ですから、その点では居酒屋と同じです。また、ママやチーママと呼ばれる女性スタッフが接客しますから、キャバクラやガールズバーとの共通項もあります。ただし、いくつかの特徴があり、その特徴を活かすことで市場内での差別化を図っています。

規模の点から見ると、スナックは居酒屋やキャバクラなどと比べて小規模で省スペースです。また、居酒屋やキャバクラが繁華街に多く出店しているのに対し、スナックは少し離れた場所にあることが多く、住宅街の端に店を構えているケースもあります。

このような違いから、**スナックは開店コストも、家賃など運営にかかるコストも安く収まります。**店の運営コストはほぼ固定で出ていくお金ですから、安くすることがサステナブルな経営に結びつきます。

▼1対nだから人件費が安い

業態の点から見てもコストの強みがあります。居酒屋と比較すると、居酒屋は料理メニューが豊富で、その分だけコストがかかります。

一方のスナックは、スナック（軽食）を提供するスナックバーが語源で、料理のメニューが限定的であるためコストが低くなります。

キャバクラは高コストです。キャバクラは女性スタッフがお客さんの隣に座って1対1に近い形で接客をするため、きれいな女性を何人も雇う必要があります。また、店内をきらびやかに装飾する必要もあり、これらがコストを押し上げます。

一方のスナックはママやチーママがカウンター越しに会話する**1対n（複数）形態の店が多く、人件費が低くなります。運営コストが低ければ価格設定も低くできます。**

また、こぢんまりとした店は落ち着いて飲めますし、ママなどとの距離も近くなります。お客さん側から見ると、スナックは、安く、落ち着いて飲めることが長所で、それが他の飲

食店との差別化要因になっています。

細かな話ですが、キャバクラやクラブなどのような接待を行う店は風俗営業、接待を行わずにカウンター越しに話すだけの店は深夜酒類提供飲食店営業となり、それぞれ必要な許可が異なります。

スナックの場合も、お客さんと一緒のテーブルについたり、デュエットしたりする場合は風俗営業の扱いになります。

▼ストレスフリーの場が必要

お客さん側のニーズをもう少し深く掘り下げると、スナックはお客さんたちのサードプレイス(third place)になっているといえます。

サードプレイスは、居心地が良く、ストレス、重圧、責任感などから開放される「第3の場所」を意味する言葉です。

第1の場所であるファーストプレイスは家です。第2の場所であるセカンドプレイスは職場や学校です。多くの人は日常的にこの2箇所を行き来していますが、それだけでは息が詰まります。

サードプレイスという概念を提唱したレイ・オルデンバーグというアメリカの社会学者によれば、現代社会においては「サードプレイス」を持つことが人生の満足度を高めることにつながります。

会社帰りにふらっと寄ることができ、財布に負担をかけずに息抜きできるスナックは、まさにサードプレイスの条件を満たしている店といえるでしょう。

サードプレイスのポイントは「ゆるくて良い」ことです。自宅や職場はきれいにしておきた

スナック（飲食店）のコスト

- コスト
  - 固定費
    - 地代や家賃：造作譲渡料（居抜き購入時の初期費用）のローン／賃料／売上歩合／家賃／管理費／共益費
    - 保険：火災保険／賠償保険
    - 上記以外：機材リース料／支払利息／インターネット／水道光熱費等の固定契約料／カラオケ
    - 人件費：社員／アルバイト
    - 水道光熱費：ガス／電気／水道
    - 税金：固定資産税
    - その他：修繕費／広告宣伝費
  - 変動費
    - 仕入れ：食べ物／飲み物

コストが安くなるほど利益は増えやすくなる。
低コスト体質のスナックは維持費が安いため経営が安定しやすい。

いですが、サードプレイスは雑多で構いません。緊張感から解放されるという点では、むしろ雑多であることが大事です。多少、汚くても問題なく、狭くても構いません。美人揃いで料金が高いキャバクラは緊張感が生まれますが、スナックはリラックスして飲むことができます。

その点でもスナックはサードプレイスにピッタリで、そのゆるい雰囲気がリピーターを引きつける重要なポイントになっています。

居心地が良いサードプレイス

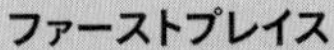

ファーストプレイス

最もプライベートな
時間を費やす場所

自宅

セカンドプレイス

経済活動や学習など
生活の糧を得るため
の場所

職場・学校など

サードプレイス

義務感や必要性に縛ら
れず居心地が良いと感
じる場所

**カフェ
コワーキングスペース
など**

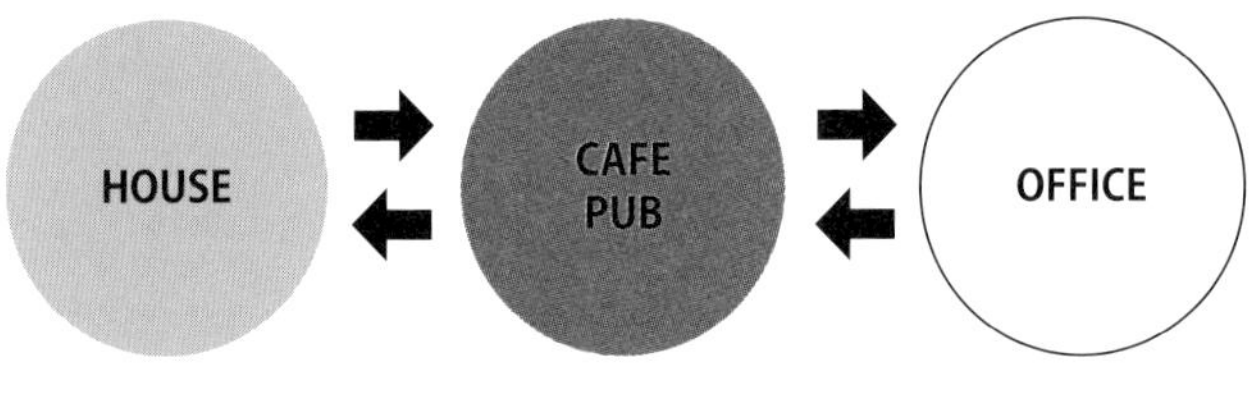

FIRST PLACE　**THIRD PLACE**　**SECOND PLACE**

家と職場の往復になりがちな日常の中で、サードプレイス
はストレス解消や心の安らぎを得られる貴重な場になる。
居心地が良いと感じてもらうことがリピート獲得になる。

2-2

成功企業はなぜネット広告に力を入れるのか?

▼マスメディアの力が低下

広告の効果は見る人の数と比例します。その点で見ると、10~20代ではテレビの視聴時間よりもインターネットの利用時間のほうが長くなっています。新聞も、2000年には5000万部を超えていた発行部数が、2023年には3000万部を割り込むくらいまで減少しています。

このことから分かるのは、**世の中のマスメディア離れが進んだ分だけ、マスメディア広告の訴求力と、マスメディア広告を出す効果が薄れている**ということです。

企業にとって重要なのは消費者とのタッチポイント(接点)をつくることですので、マスメディア広告の訴求力が落ちているのであれば、その代わりになるメディアが必要です。その**受け皿になっているのがインターネット広告**です。

この入れ替わりは広告費の調査(電通調べ)にも表れています。2022年の広告費は、マスメディアが2・4兆円、インターネットが3・1兆円で、すでにネット優勢の状況になっています。

▼SNS情報が購入のきっかけになる

ネット広告は、若い人に向けた訴求ができます。中長期で見れば、今の若い人たちが未来の消費者の主体となっていくわけですので、

情報収集源はテレビからネットへ

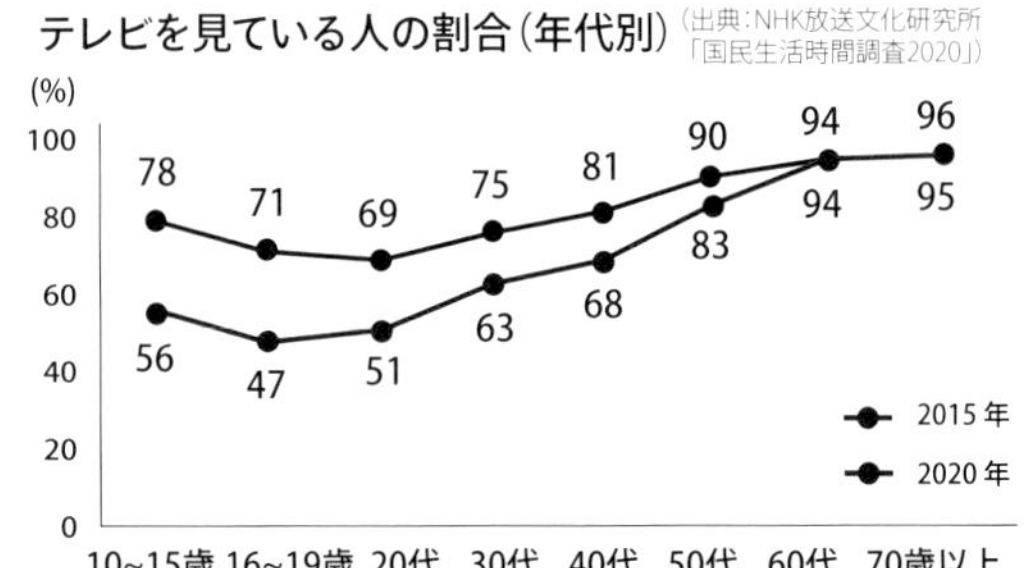

テレビを見る人の減少とともにテレビの影響力も低下する。
高齢者の視聴率は高いが、若年層では半分の人がテレビを見ない。

早期から彼らと接点を持っておくことが収益や経営の安定化につながります。

また、SNSは訴求効果が高く、例えば、X（旧Twitter）ユーザーのうち10~20代の70%以上、30代の60%以上が、Xの情報をきっかけに商品などを購入した経験があると回答しています（アライドアーキテクツ調べ）。

マスメディアを使わなくても売上を高め、集客することはできるということです。実際、マスメディア広告を使わずに集客に成功している企業も多く存在しています。

例えば、スターバックスはテレビCMをしていませんし、コストコやしまむらもテレビCMをしていません。

重要なのは、広告を届けたい相手の属性（年齢、性別、生活環境など）に応じて出稿するメディアを使い分けることです。

若い人たちはテレビよりもネットを見ている時間が長いため、広告メディアとしてSNSなどが最適といえます。

反対に、高齢者層はテレビや新聞などマスメディアと接する時間が長く、マスメディアに対する信頼度も高いため、彼らに向けた広告はマスメディアのほうが適しています。

この使い分けによって企業は広告のコスパを高め、広告の成果を最大化することができるわけです。

2-3 AI時代になぜSNS公式アカウントが重要になるのか？

▼顧客とのつながりが資産になる

SNSの公式アカウントは、集客や顧客との接点づくりに役立つだけでなく、顧客情報という新たな資産をつくることにつながります。

例えば、インスタグラムは日産やホンダが400万人以上のフォロワーを持ち、Xではコンビニ各社、スターバックス、マクドナルドなど飲食チェーンが500万人前後のフォロワーを持っています。

これらの何百万人という数字はSNS上のファンであり、新商品やキャンペーン情報などを数百万の人に着実に届けられる基盤でもあります。

また、1つ1つの投稿に対するインプレッション（どれくらいの人が見たか、反応したか）を把握できることにも価値があります。反応が分かれば投稿内容や広告の良し悪しが分析でき、より良い投稿、より届きやすい広告を発信することができるようになります。

この知見は、**従来は広告代理店しか持っていませんでした。しかし、SNSを使うことで自社でデータをもち、有効な活用方法を考え出すことができるようになります。**

▼AI時代に向けた準備

これからAI活用が本格化すると考えると、データを持っておくことがなおさら重要です。

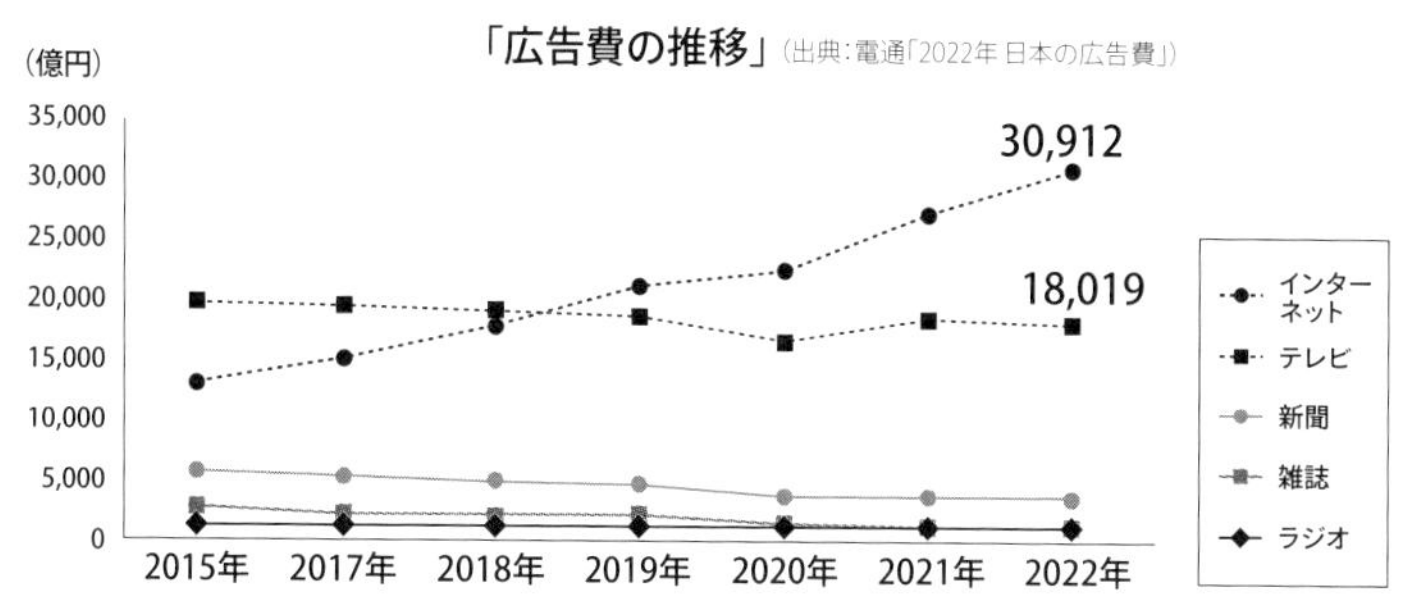

ネット広告は反応を数値化しやすいのが特徴。SNSの普及によってネット広告の手段が増え、広告費の総額もマスメディアを上回るようになった。

ＡＩは、消費者とのコミュニケーションを良くしていくための手段になります。

しかし、そのためにはデータとして持っておくことが大前提です。誰が、いつ、どんな内容の投稿に反応したか、どんな層の人がどれくらいいるかが分からなければＡＩ分析ができませんし、データの量が増えるほどＡＩ分析の精度が高くなるのです。

そう考えると、すでにＳＮＳで消費者との接点を築いている企業や店は、ＡＩ時代を見据えた準備を始めているといえます。ＡＩ活用が進むとともに、これらの企業や店は蓄積している顧客データを活かしてさらに集客を伸ばすでしょう。

つまり**ＳＮＳは目先の集客のみならず、中長期で集客力を伸ばしていくための施策でもある**のです。

人気店はどうやってリピーターを増やしているのか？

▼直接メッセージが届く

リピーターの獲得は経営の安定化につながります。そのために、人気の美容院や飲食店などが使っているのがLINEです。

LINEは他のSNSと比べてユーザー数が多いのが特徴です。アクティブユーザー数を見ると、Xやインスタグラムが4000万人前後であるのに対して、LINEは1億人近くに及びます。

また、LINEは他のSNSよりもメッセージを届けやすいのも特徴です。Xやインスタグラムなどは基本的には不特定多数のフォロワーに向けて発信する仕組みです。フォロワーが多い企業や店は利用者への訴求力が高くなりますが、そうではない場合はテレビCMと同じで、見るかどうかはユーザーの意思によります。

一方、LINEはユーザーの意思に関係なく個人のスマホに送られます。そのため、メッセージが届きやすく、見てもらいやすくなります。つまり**届けたい人に届くという点で広告としての効果が高く、だから人気店などはLINEの友だち獲得（登録）に熱心**なのです。

▼見てもらわなければ意味がない

LINEで発信する情報はさまざまです。ただ、SNS、メルマガ、マスメディアなどからあらゆる情報が舞い込んでくる世の中では、

国内ではラインユーザーが圧倒的に多い

「SNSのユーザー数(月間)」(出典:ガイアックス ソーシャルメディアラボ)

SNS名称	日本国内 アクティブユーザー数(MAU)	世界 アクティブユーザー数(MAU)
LINE	9,500万	1億9,900万
YouTube	7,000万	20億
X(旧Twitter)	4,500万	3億3,300万
Instagram	3,300万	10億
Facebook	2,600万	30億5,000万
TikTok	1,700万	10億

複数のSNSがある中でも日本国内ではLINEユーザー(アクティブユーザー)が多い。未読で捨てられないために魅力ある情報を発信することが大事。

ありきたりな新商品情報では顧客の関心は引けません。

これはメルマガも同じで、企業が送るメルマガの開封率は多くても20%、お客さんの興味が薄い場合は5%ほどにとどまるともいわれます。

そこで大事なのが、お得感です。「見なければ損」と思わせることで開封率が上がります。

例えば、人気店などはＬＩＮＥクーポン(法人向けサービス)を使って「１００円引き」「10%オフ」「来店プレゼント」といった特典を配っています。シンプルな集客戦略ですが、美容室や飲食店などのように競争が激しい業界は「安いなら行ってみよう」と思う人が多く、新規顧客の獲得につながります。

また、既存のお客さんについても、他店のほうが安ければそちらに流れてしまう可能性

があります。クーポンなどの特典はそれを阻止する効果が期待でき、リピーターの囲い込みにつながります。リピート獲得という点では、**友だち登録したお客さんにブロックされることがLINEの最大の弱点**です。その点でも、「この店はお得な情報を送ってくる」と認知されることがブロック回避になるでしょう。

▼顧客情報を掘り下げられる

割引などの特典で集客する手法は以前からありますが、**LINEクーポンが特徴的なのは、デジタルであるためチラシなどと比べて配布が簡単であること**です。

また、LINEは送ったメッセージが開封されたかどうかが分かります。開封率などのデータが取れます。このデータを踏まえることで、どういう特典が喜ばれるか、どれくらいの集客効果があるかといったことが分かり、クーポンの内容や配布するタイミングなどを改善していくことができます。さらに**深く分析すれば、顧客1人1人の嗜好なども把握できます。これらデータを活用することで、顧客ごとに合わせた特典を提供し、リピート率を高めることができます。**

リピーター獲得では、不特定多数のお客さんに同じ特典を提供するよりも、お客さん1人1人に向けて、より深く「ささる」特典を提供していくことが大事です。

これはマーケティングではパーソナルマーケティングとよばれるアプローチで、LINEはそのためのデータを蓄積し、コミュニケーションを深める手段として有効なのです。

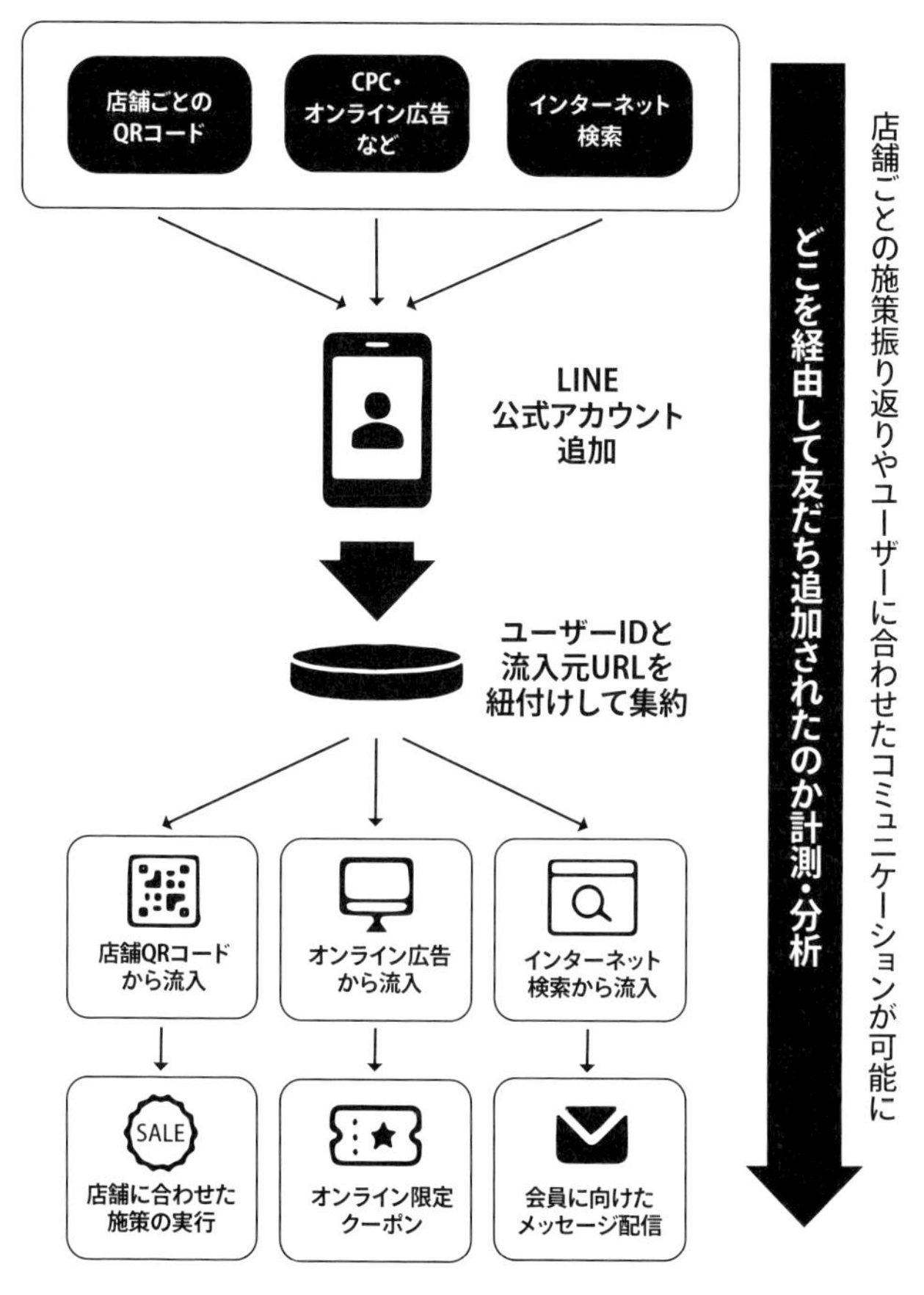

X（旧Twitter）やInstagramと比べてLINEは拡散力が弱いが、個人の好みなどに合わせた情報発信ができる。顧客データの収集と分析がパーソナライズに役立つ。

2-5 衰退する商店街の店はどうやって稼いでいくべきか？

▼安定した収益を確保

夜の店には「太客」という言葉があります。これは「大金を払ってくれる重要なお客さん」を指す言葉で、その他の事業やお店においても、**安定的で「太い」収益をもたらしてくれる顧客の獲得が大事**です。

その点で参考になるのが、商店街で生き残っている文具店やスポーツ店などです。

商店街は全国的に衰退傾向にあります。中小企業庁の調査を見ても、商店街の最近の景況について、「繁栄している」「繁栄の兆しがある」と答えている店は4％ほどしかなく、商店街の利用者が減ったと感じている店は年々増えています。

そういう状況だからこそ「太客」が重要です。

例えば、スポーツ店は表面的にはスポーツ用品の小売りで成り立っていますが、その背景では近隣の学校と提携し、体育の授業に必要な商品を提供しているケースがあります。地域のスポーツチームと提携し、ユニフォームなどを販売していることもあります。

文具店も同様に、1本100円ちょっとのペンやノートの売上だけではおそらく経営は維持できません。その他の収入として、例えば、近隣の学校の指定の体操服や上履きを扱うことで安定的な売上を確保しています。

つまりこれら店舗にとっては学校や地域のクラブなどが太客であるということです。

商店街の衰退に抗う戦略が必要

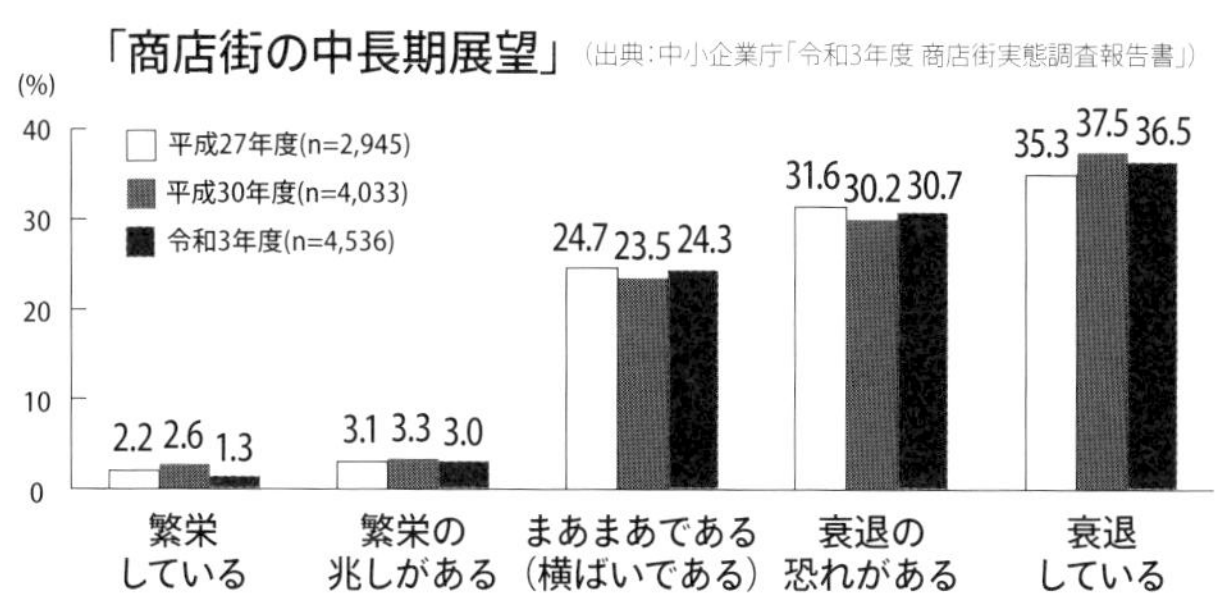

全国的に商店街は衰退傾向にあり、地方はとくに少子高齢化と人口減少の影響を受けている。事業存続のためには安定的な収益源を確保することが求められる。

▼特権を活かすことも経営の役目

学校が顧客として優れているのは、毎年新しい人（生徒）が入り、新たな需要が生まれることです。学校関連の道具などは価格競争も少なく、近くに競合点がなければ価格競争になる可能性もかなり小さいといえます。

悪い言い方をすれば利権のようなもので、この特権は、学校に近い、近所に競合店がないといった条件を満たす店だけが得られるものです。

自分だけに与えられている条件があるなら、それを使わない手はありません。その優位性を見つけて活かすことも、太客を見つけたり、細客を太客に育てたりすることも、サステナブルな経営では大事なことなのです。

ネットショップよりもなぜリアル店舗のほうが売りやすいのか？

▼じつは店舗のほうが売れている

集客アップや販路の拡大を考えるときに、「ネットで増やそう」と考える人は多いかもしれません。

事業者としては、店舗を構えたり拡張したりするよりもネットショップをつくるほうが資金調達や人員確保の面でハードルが低くなりますし、物理的な制限のないネットの世界では商圏外の顧客にもアプローチすることができます。

ただ、店舗には店舗の長所があります。**ネットで買い物する機会が増えると、つい店舗に閑古鳥が鳴いているようなイメージが湧きますが、現実は違います。**

実際、表参道のブランド店や渋谷１０９のように、ネット全盛の中でも利用者が集まっている店もあります。

経済産業省の資料によると、ネット通販の売上は過去10年で約2倍に伸び、23兆円規模になっています（２０２２年）。その多くを占める日常の買い物（ＢｔｏＣ物販）を見ると、市場規模は13億円です。

しかし、全ての商取引に占めるＥＣ取引の割合は9％台です。

つまり**ネットショップの売上は全体の10分の1ほどで、現実には店舗の売上のほうが圧倒的に多い**わけです。

市場規模はネットより実店舗のほうが大きい

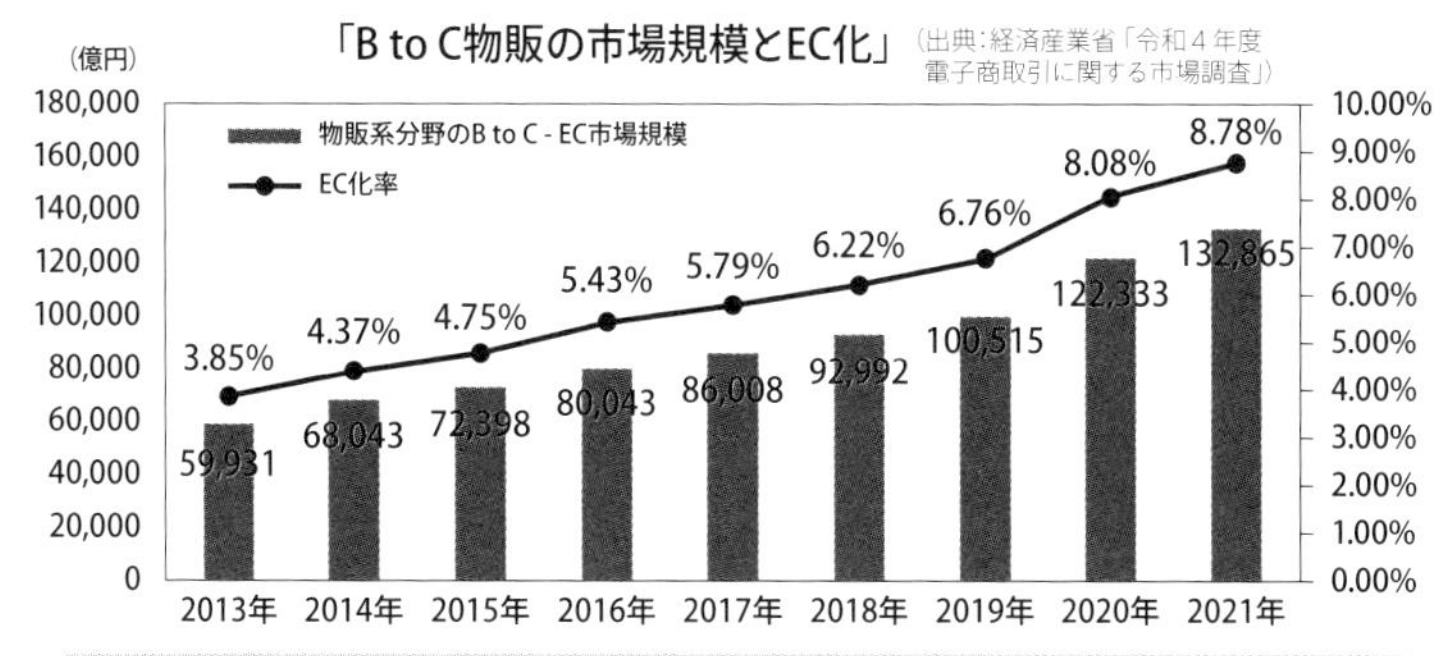

ネットショップが普及しているが、B to C市場ではまだ実店舗での売買のほうが大きい。

▼体験価値を高められる

店舗の集客や収益を増やすためには、**店舗だからこそ生み出せる価値を高めることが大事**です。

その1つが**即時性**です。ネットで注文したものは商品が到着するまで待たなければなりませんが、店舗で購入した商品はすぐに持ち帰ることができます。これは消費者の満足度につながる要素で、特に急ぎの商品は実店舗向きです。

2つ目は、買い物そのものの**体験**を売れることです。実店舗での買い物は、商品を買うだけでなく、店内の商品を見て回る体験を含みます。ウィンドウショッピングがその一例で、ブランド店はその楽しみを提供することが繁盛している要因といえます。

体験を売るという点では、店を借りて良い雰囲気に仕立てたり、ディスプレイなどにこだわったりすることも大事です。

そのために手間やお金をかけることは、体験をより高く売るための投資といえます。

例えば、内装やディスプレイの工夫によって商品を魅力的に見せれば「衝動買い」が発生しやすくなります。

店の雰囲気づくりによってブランドイメージを高めることもできます。ネットショップのサイトでもデザインや色使いなどによって店のイメージを伝えられますが、店舗は視覚以外の点でもイメージを訴求できます。

店舗は道ゆく人の目に留まりますから宣伝効果も生みますし、ネットでの買い物に慣れていない人に対しては実店舗を構えていることで信用力を感じてもらうこともできるでしょう。

▼人が店舗の武器になる

店舗の集客でもう1つ重要なのは、**店員とのコミュニケーション**です。

家電を例にすると、ネットで事前に調べた商品でも、実際に買う前に実物を見たい人がいます。ネットで見るスペック情報だけでは商品の良し悪しがいまいち分からない人もいます。店員はそういう人たちのサポート役であり、ネットで得られる情報を上回ることで、お客さんは「店に来てよかった」と思いますし、買おうと思います。

そのためには商品知識はもちろんのこと、心地よく接客する力と分かりやすく説明する力も求められます。それが実店舗の武器にな

ネットとリアル、それぞれの強み

出典：ネットショップ開業講座「ネットショップと実店舗との違い」

	実店舗	ネットショップ
営業時間	営業時間内のみ	年中無休の24時間営業
店員の対応	忙しさや体調・人により接客レベルが落ちるときがある	自分のペースで対応ができる
商品入手方法	お客さんが自分で持ち帰る	配送（別途送料が必要）
送料	不要	必要
商品の詳細	手にとって見る、試着・試食する	写真・説明文から判断
商品の質問	店員に聞く	メール（電話）で問い合わせる
店への安心感	実店舗があり安心	初めてのお店は商品の品質、対応に不安あり
開店資金	お店の外装費・内装費も高く まとまった資金が必要	実店舗に比べると、店舗費用部分のホームページ作成費が安く人件費も抑えられる
店舗維持費	家賃・光熱費等維持費が必要	実店舗と比べるとサーバー（ドメイン）、 決済手数料（レンタルカート）等割安
宣伝広告費	通りがかりの人も来店可能性あり チラシ、雑誌掲載等必要	ネットは通りがかりが無いため集客は実店舗よりも大変。SEO対策のノウハウは必須

ネットショップの利用者は増加傾向にあり、家賃や人件費が安いため事業者メリットも大きい。
実店舗での収益を伸ばしていくためには実店舗だからこそ提供できる価値を高めることが重要。

ります。

逆にいえば、**店舗で商品を見てネットで注文するショールーミングが起きるのは、たんに店よりもネットのほうが安いからだけでなく、お客さんの満足度と納得感を高めるサービスが提供できていないことが原因**です。

渋谷109のようなファッション系の店では、カリスマ店員と呼ばれるような人が集客と売上に貢献するケースもあります。これも店舗の武器です。カリスマ店員は店員がブランド化することであり、店員の人気が高まることで店のブランド価値も高まります。

重要なのは「この人から買いたい」「意見を聞きたい」と思ってもらうことです。そう感じさせる人がいる店は人が集まりますし、コミュニケーションの積み重ねによってお客さんはリピーターになるのです。

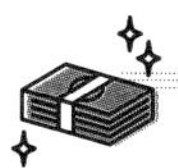

ご当地ラーメン店はなぜ流行るのか？

▼ターゲットの絞り込みが大事

競合だらけのレッドオーシャンに沈まないためには競合との差別化が必要です。ご当地ラーメン店はその方法で繁盛している店の一例です。

ご当地ラーメン店が流行る素地として、まずラーメン市場そのものが大きいことが挙げられます。国内のラーメン屋の市場規模はおよそ6019億円とされています（総務省「令和3年経済センサス」）。また、観光庁が実施した訪日外国人消費動向調査では、「最も満足した飲食店」として肉料理に次いでラーメンが第2位にランクインしており、外国人観光客からも人気の高い料理であることが分かります。

ただ、市場が大きい分だけ競合も増え、特徴のない商品は飽きられます。ご当地ラーメン店が繁盛するポイントはここにあります。

各地のラーメンの郷土性を打ち出しつつ、スープの味や麺の太さなどによる**違いを明確にすることで、市場内のターゲット（ラーメンファン）を絞り込むとともに競合店との差別化を図っている**のです。

▼地域のオンリーワンを目指す

戦略面から見ると、飲食店は2つのタイプに分けられます。

1つは単一の料理と、その料理を好きなター

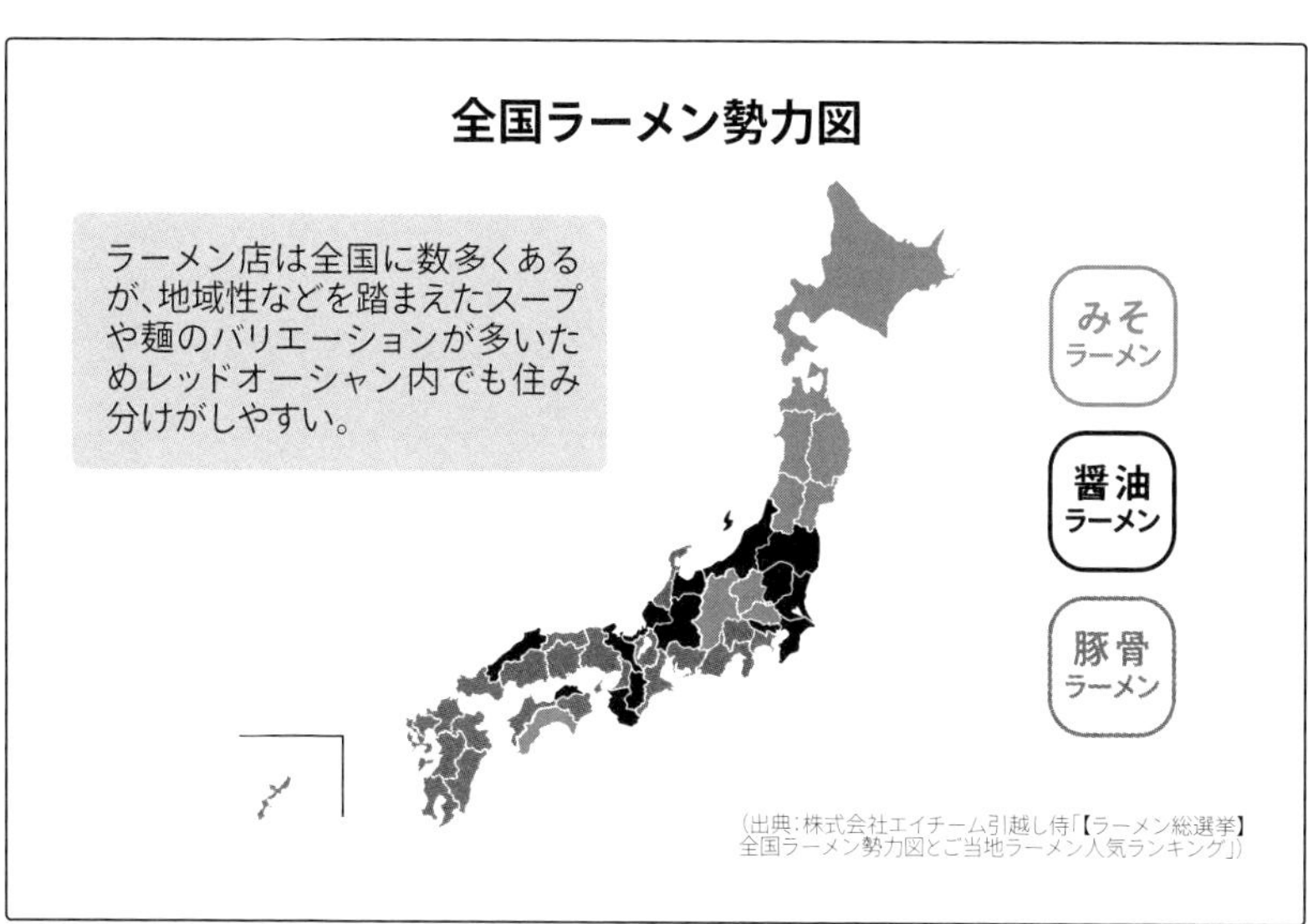

ゲット層に絞る専門店タイプです。トンカツ屋、すき焼き屋、ラーメン屋、寿司屋、喫茶店などがその例で、ご当地ラーメン店も、ラーメンの種類の細分化した専門店であるという点で、このタイプに含まれます。

もう1つは、ジャンルを超えて多様な料理を扱う百貨店タイプです。居酒屋やファミレスなどがこのタイプで、中食が増えている現代では多様な弁当類を扱っているコンビニもこのタイプです。

人やお金などのリソースが限られている中小企業や小規模店舗は、専門店タイプのほうが成功しやすいでしょう。提供する料理の種類を絞り込めば、食材の仕入れが単純化します。複数の料理のつくり方を覚える必要もありません。

また、ラーメン屋は基本的に店の周辺のお

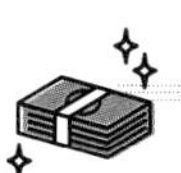

客さんを相手にする商売ですので、専門店としての認知度を高めることで、商圏や地域のナンバーワンになれる可能性が高まります。オンリーワンになれる可能性もあります。みそラーメンが一番美味しい店、もっとも行列ができるつけ麺の店といった小さな市場のトップとなることで、店の認知度が高まり、専門店としての価値も高まります。

▼小さな市場で勝ち抜く

少し専門的な話をすると、小さな市場のトップを狙う方法は、戦争での勝ち方の理論を示すランチェスターの戦略に基づく戦い方です。

ランチェスターの戦略（第一の法則）は、戦闘力が同じ場合は兵力が多い方が勝つことを大前提としています。兵力は、ビジネスで言えば人や資金などのリソースであり、中小企業や小規模店が大手と真っ向勝負しても勝てないことを意味します。

一方で、この法則には**弱者が勝つための5つの戦略**もあります。

その5つは、**「戦う場所を限定する」「相手を限定して一騎打ちに臨む」「広域戦ではなく接近戦にする」「一点集中で戦う」「陽動作戦で競合相手の裏をかく」**ことです。

ラーメン屋が専門性を追求することは、戦う場所を絞る、一点集中で戦うといった点でこの法則と合致します。この戦略が、市場で勝ち残る可能性を高めるわけです。

この戦い方はラーメン屋に限らず、中小企業や小規模店舗が勝ち残るヒントになるでしょう。

例えば、私たちの会社は税理士の集団です

が、税務の範囲は広く、個人向けの相続税と法人向けのコンサルティングでは求められる知識や能力が異なります。

美味しいみそラーメンをつくる人が美味しいつけ麺をつくれるとは限らないように、税務という基礎は同じでも、どの分野で専門性を発揮するかによって事業モデルも成長性も変わります。

だからこそ、もっとも能力を発揮できる、または最も集客と収益の面で有利な市場に絞り込むことが大事です。

市場とターゲットの選択と集中により、中小企業や小規模店舗は経営を効率化できます。獲得できる需要（量）は小さくなりますが、競合が減り、専門性を武器にして勝ち残ることができるのです。

小さな市場でトップを取るランチェスター戦略

弱者の戦略	強者の戦略
基本戦略：差別化 （違うものをもつ、 違うやり方をする）	基本戦略：ミート作戦 （直ちに追随する）
弱者の5大戦略	**強者の5大戦略**
①局地戦 スキマ市場（ニッチ市場）を狙う	①広域戦 大きな市場を狙う
②一騎打ち ライバルの少ない市場を狙う	②確率戦 数打てば当たる
③接近戦 スキンシップで戦う	③遠隔戦 広告、チャネル等を 有効活用して離れて戦う
④一点集中 ターゲットを決めて重点化する	④総合戦 全ての武器を総動員して戦う
⑤陽動作戦 手の内を読まれないようにする	⑤誘導作戦 こちらの有利な場所へと 誘導して戦う

（出典：ミツエーリンクス）

小規模の店舗は専門性を高めて小さな市場で戦うほうが有利。ラーメン店のみならず、大手がシェアを持つ市場では事業と提供価値の選択と集中が重要。

第3章

商売の生命線
“値決め”の
謎に迫る

ぐっ…
やられた…！
なにこの人
強すぎっっ
税理士事務所
チートかよ!!
※昼休み
はぁ…
10連ガチャでもまわすか
次は絶対勝つ!!
ピコンッ
？
あれっ
さっきの人からチャットだ
!!
さっき送ってもらった
●●●カフェの帳簿
売掛金がズレてるので
修正お願いします
あと勘定科目も
いくつか訂正が…
えっ
先生!?
なんで!?
にっこり♡
仕事も
ままならないのに
廃課金とは
大した身分だねぇ
すっすいません
せんっっ!!

びっくりした〜〜
まさか先生だったとは…
そして結構ガチ勢ですね…
実はこのソシャゲにも儲けの秘密が詰まってるんだよ
制限しようと思ってもつい課金したくなるでしょう？
今月ピンチなんだよなァ〜
ハァ
ハァ
でもあと1回だけ…!!
※これを5回は繰り返す
フフフ…
うう
たしかにこれまでいくら使ったんだろ…
ビジネスの収益爆上げの秘訣を解説していくよ！
ばーーん
ハイッ！

3-1 普通のメロンがなぜ1個2万円で売れるのか？

▼メロンだけどメロンではない

利益を増やすためには高く売ることが重要です。「そうは言っても難しい」と感じる人は、千疋屋の売り方を真似てみると良いでしょう。

スーパーマーケットでは、メロン1玉がだいたい1000円から2000円くらいで売られています。ところが、同じようなメロンが千疋屋（せんびきや）では1玉2万円前後で売っています。しかも、よく売れています。

その理由は、**千疋屋のメロンはメロンではなく、贈答品**であるからです。

自分や家族用としてのメロンの適正価格が1玉1000円から2000円に対し、千疋屋のメロンはお土産などの贈答品で、スーパーで売っているメロンとは別ものです。糖度や見た目といった点で質が良いはずですし、箱やラッピングにも凝っています。

それら要素を全て含め、贈答品としての適正価格が1玉2万円であるということです。また、その価格に納得する人が多いから10倍の値段でも売れるわけです。

▼売り方を根底から見直す

この例を参考にすれば、自社で扱っている商品やサービスも、もしかしたら10倍くらいの価格で売れるようになるかもしれません。そのためのポイントは、販売戦略を根本的に変えることです。

4Pの観点で売り方を変える

4P分析

Product 製品 どのような商品を売るのか	→	Price 価格 いくらで売るのか
	顧客	↓
Promotion 販促 どのように知ってもらうのか	←	Place 流通 どのように届けるか

S	セグメンテーション 市場を細分化する	A B / C D
T	ターゲティング 細分化した市場の中でどの市場を狙うか決める	**A** B / C D
P	ポジショニング ターゲティングした市場での自社の立ち位置を決める	市場A ⓐ ⓑ 自社

マーケティングの観点から既存商品の売り方を変える場合には、STP（Segmentation、Targeting、Positioning）と4P（Product、Price、Place、Promotion）を見直してみるのが有効。誰を顧客とし、競合とどう差別化するのか（STP）、どんな方法で売るか（4P）を考えることで新しい価格戦略が見えやすくなる。

ターゲットの面では、千疋屋は贈答品を買う人や、1玉2万円のメロンを買う余裕がある人を対象としています。

売り方に関しては、スーパーは活気があって鮮度の良さが伝わる店づくりをしますが、千疋屋は高級感がある店づくりをしています。

仕入れについても、スーパーは安く仕入れられる卸や農家を探しますが、千疋屋は品質や産地のブランド力を重視して仕入れます。

つまりスーパーと千疋屋は事業モデルが違い、違う市場で事業をしています。

重要なのはメロンをメロン以外の商品として捉えることです。高く売れる売り方を見つけることで利益は増えやすくなり、競合と価格競争になるレッドオーシャンからも抜け出すことができるのです。

旅行代金はなぜGWに爆上がりするのか？

▼需要と供給のバランスを見る

高く売れるときに高く売る。これは価格設定の基本的な考え方です。

分かりやすい例が旅行代金です。飛行機代や宿泊料などは季節やシーズンによって変動します。この仕組みはダイナミックプライシングといいます。旅行代金のほかには、スポーツ観戦や東京ディズニーランドのチケット料金などでも使われています。

ダイナミックプライシングの特徴は2つあります。1つは、**需要が供給を上回るときは高くなり、下回るときは安くなります。**需給バランスは常に変わり、市場が買いたい価格と事業者が売りたい値段も変わります。

ダイナミックプライシングでは、このバランスの変化を予測して飛行機代や宿泊代を設定します。旅行の需要は、大型連休などの繁忙期に増え、夏は涼しい場所の需要が増えるといった規則性があります。

また、毎年のように同じパターンを繰り返します。規則性があるものは予測も簡単ですし、どの時期に、どの場所の旅行が、どれくらい売れたかといった過去のデータを分析することで、もっとも売れやすい価格帯を予測できます。

売れやすい価格を精度高く予測できれば企業の利益率も上がります。ちなみに、ここで重要な需給の把握や変化のパターンの分析は、いずれも機械が得意とするところです。

今後は計算と分析がうまいAIを使って価格設定する企業が増えていくだろうと予想できます。

▼売れ残りと売り切れと対策

ダイナミックプライシングの2つ目の特徴は、**早く予約するほど安く、直前になるほど高くなる**ことです。

収益を伸ばすための企業の課題は、空席や空室などの売れ残りによって売上のロスが生じないようにすることと、安く売って売り切れることで、高く売れる機会を失うロスを減らすことです。その方法が「早い予約を安く、直前の予約を高く売る」ことというわけです。

早い予約を安く売ると、旅行の予定が決まっている人たちの需要を確保できます。そ

の結果、売上の一部を確定でき、売れ残りが発生するリスクを抑えられます。

一方で、急な出張などで予約したい人は直前の予約をします。この場合は価格よりも予約が取れることを重視しますので、企業としては高く売れます。

税務コンサルの視点から見ると、**儲かっていない会社ほど赤字になる安売りをしているケースが多くあります。**赤字覚悟の在庫処分がその一例で、商品やサービスを叩き売るために人や機械を動かしています。

需給バランスを踏まえた価格設定をすれば、そのような赤字の垂れ流しを防げるでしょう。安くすると利益率は下がりますが、人や機械を動かすためにかかる固定費を計算すれば、赤字にならない範囲で安くすることができます。

▼数が限られている商品と相性が良い

ダイナミックプライシングの仕組みは、日用品（トイレットペーパー、歯磨き粉、オフィス用品など）のように需給バランスがほとんど変わらないものには適用しづらいのですが、バランスが変わるものであれば基本的には活用できます。

また、航空券などのように席数が決まっている商品は需要と供給の供給数が固定されているため、ダイナミックプライシングの仕組みを導入しやすく、相性が良いといえます。

旅行以外のビジネスでも、繁忙期と閑散期の変化やサイクルを把握すれば、売れ行きに合わせて徐々に値段を上げていく仕組みがつくれます。

現状として、人や機械がフル稼働していた

価格は需要と供給のバランスで決まる

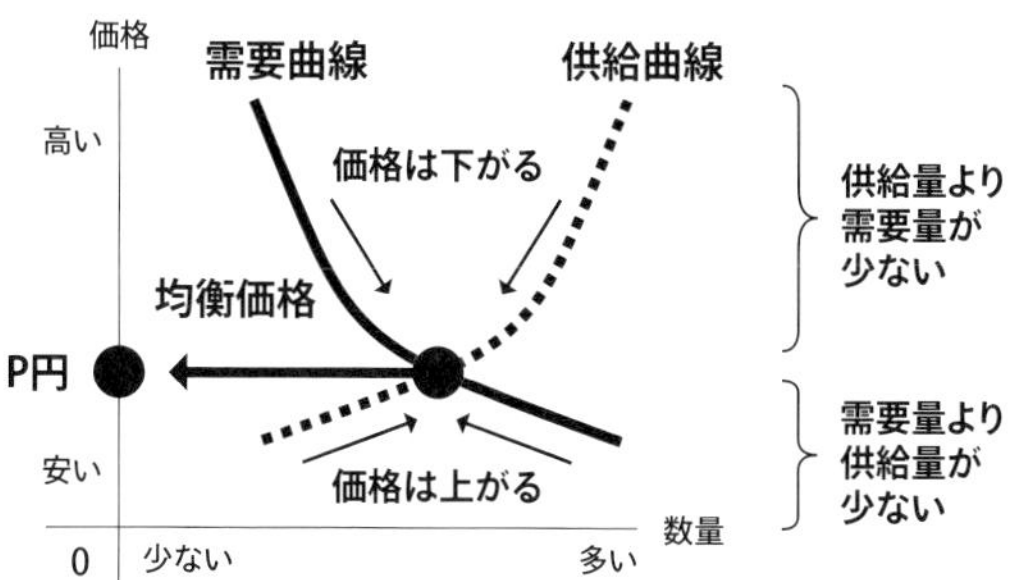

価格は常に変動する余地がある。需要と供給に応じて価格が変わる仕組みと、需要と供給を予測する仕組みによって収益アップにつながる価格設定が可能になる。

り、売り切れによって利益が増えないのであれば、安売りや早売りをしていないか確認したり、緊急性が高い商品やサービスの値上げを検討することができます。

逆に、売れ残りが多かったり、仕事が入らずに設備などが稼働していない時期が多かったりするのであれば、早い時期から安く売り始める方法を検討してみることができます。

ダイナミックプライシングの収益構造

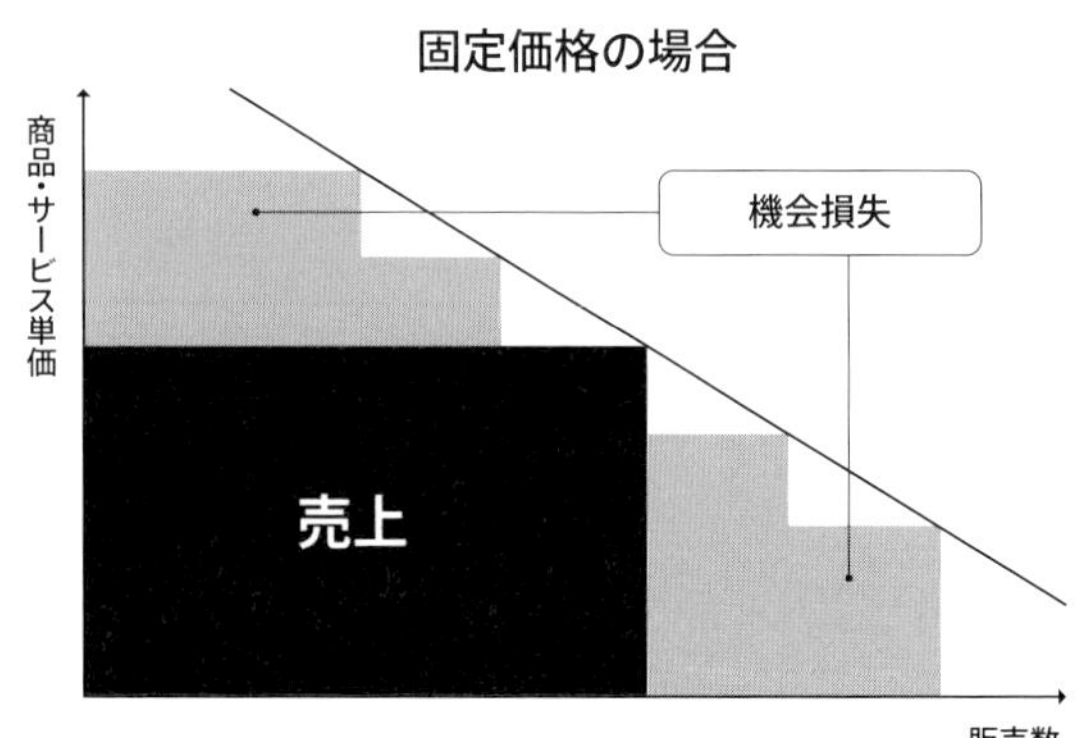

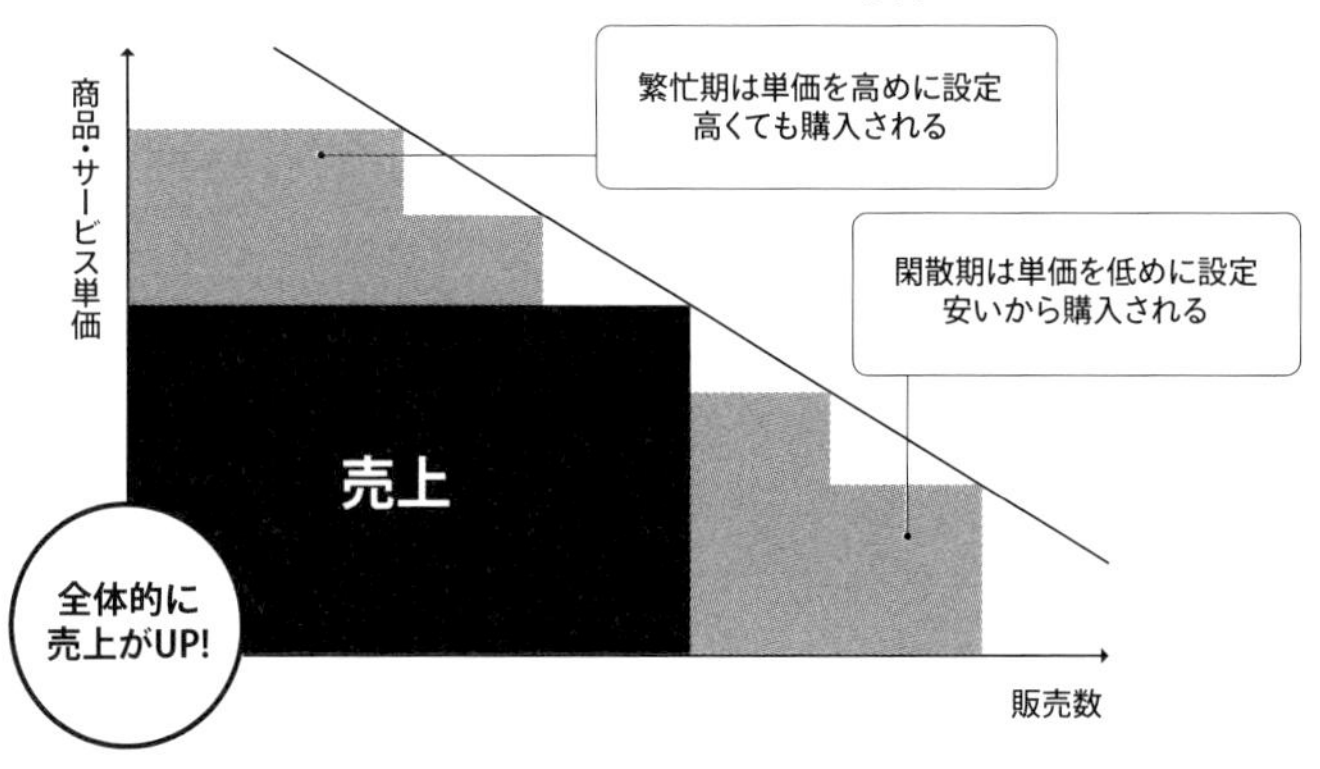

数量が限られている商品や、一定期間で売り切りたい商品は、売れ残りと売り切れの両方に対処する必要がある。ダイナミックプライシングは売れ残りリスクを抑えながら売上を最大化できる。

3-3 カップ麺を定価の4倍の値段で売れる場所はどこか？

▼場所が変われば価格は変わる

高く売るための方法として、売り場所を変えてみることも有効な方法です。その例は富士山から学ぶことができます。

富士山は日本一高い山です。また、標高が日本一であるだけでなく、物価も日本一といえるくらい高い場所です。

例えば、街中の自動販売機で100円ちょっとで売っている缶ジュースは、山頂では500円で売られています。200円くらいのカップ麺は800円で売られています。

値段が跳ね上がる理由は、商品を山頂に運んだり、山頂の店舗を運営したりするためのコストがかかっているからです。また、山頂は店舗が少ないブルーオーシャン（山ですが）で、価格競争が起きにくいことも一因です。

この例で重要なのは、**場所や環境が変われば価格が変わること、そして、場所や環境次第では高くても買う人がいるということです。**

私たちの頭の中には「ジュースは100円ちょっと」という値頃感があります。売り手としては「100円くらいに価格設定しないと売れない」という思い込みがあります。

既存の市場で売る場合には100円ちょっとが適正です。

重要なのは、高く売れる市場を見つけることで、その結果、収益が大きく伸びるのです。

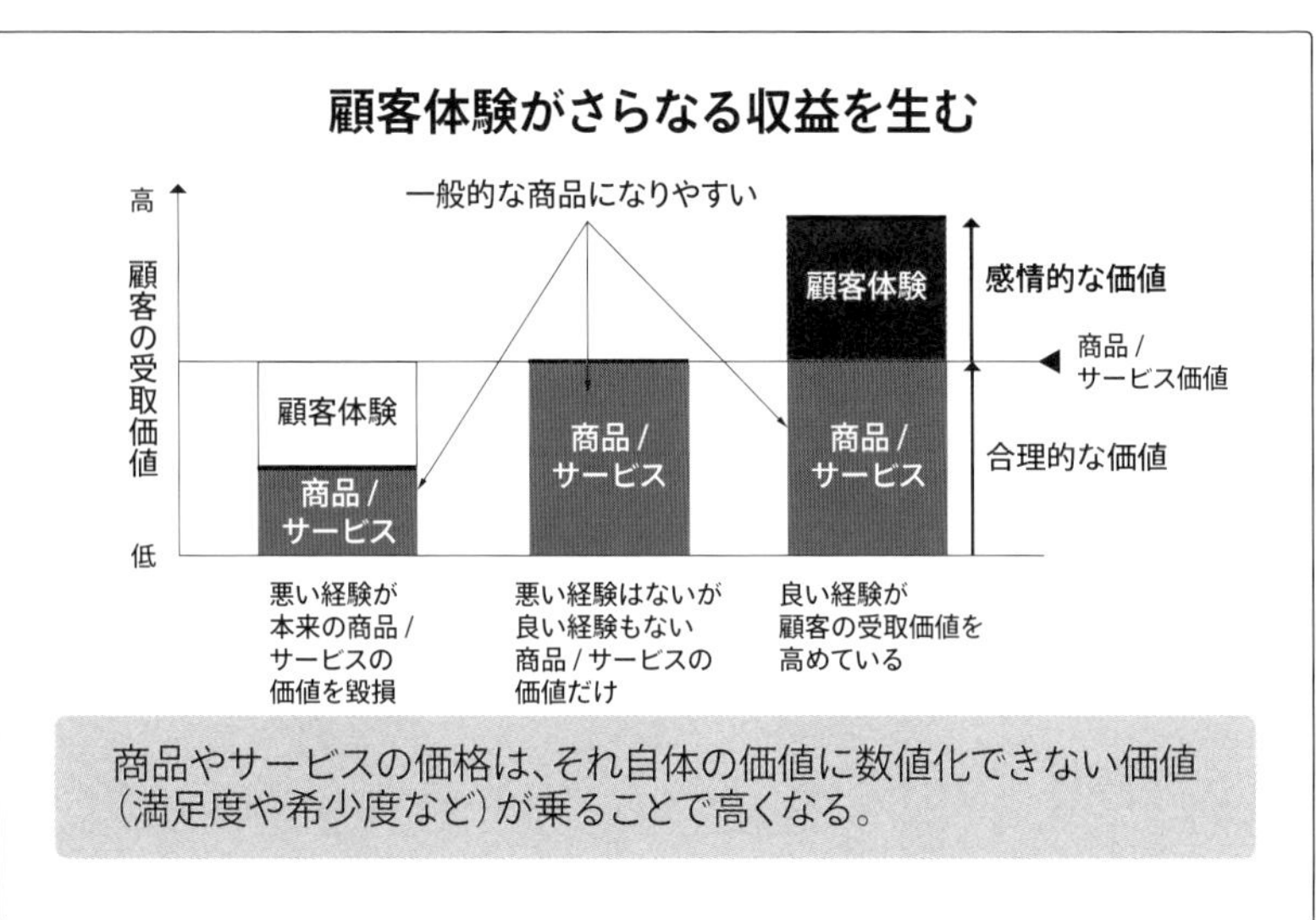

▼貴重な体験は高くても売れる

もう1つ重要なのは、山頂で食べるカップ麺は体験価値（カスタマーエクスペリエンス）が高いということです。体験価値は、その商品やサービスを知る、購入する、使うといった一連のプロセスを通じて得られる体験の価値を指します。

カップ麺の場合、物理的な価値は200円くらいです。その価値を800円で得られるならば安いと判断する人が多いため、山頂では800円でもカップ麺が売れます。

経営目線で見ると、街中で100円ちょっとのものが倍の値段で売れる場所を探すこと、そして、**2倍でも3倍でも消費者が納得できる体験を付加することが利益倍増のポイント**ということです。

3-4 1000円カットはどうやって利益を出しているのか？

▼シンプルなオペレーション

30年にわたるデフレが続いた日本では、「低価格」は引き続き消費者を引き付けるキーワードです。1000円カットの理髪店は、デフレ時代のニーズによって急成長した事業の1つです。

1000円カット大手のQBハウスを例にすると、2000年代の初めの店舗数は100店でしたが、それから20年で約6倍に増えました。年間の利用者数は1500万人、売上は200億円を超えるまでになり、2018年には東証一部市場（現、東証プライム市場）に株式上場し、海外店舗も増やしています。

ヘアカット代の平均は3600円ほど（総務省調べ）ですので、消費者としては、3分の1に収まるのはうれしい衝撃です。逆に言うと、事業者側はカット1回あたりの収益が3分の1に減るわけですから、低単価で経営を安定させる方法が必要です。

そのポイントは**オペレーションの簡素化です。無駄を省いてコストを最小に抑えるとともに、回転率を高めて売上を最大化している**のです。

例えば、美容室ではカットのほかにパーマやカラーリングなどを行いますが、1000円カット店のメニューはカットのみです。シャンプーなどのサービスもありません。このようなシンプルなオペレーションを徹底してい

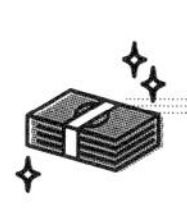

るため、水回りの設備がいらず開店資金が安く収まります。シャンプー、カラー、パーマの時間がかからないため、1人あたりにかかる時間が短縮できます。

また、1000円カット店はカット以外の技術は使いませんので、そのための教育や研修期間がいりません。すぐに現場に立てる即戦力の理容師を増やしやすいことも多くのカットをこなせる理由になっています。

▼至れり尽くせりの発想から離れる

従来の事業は、サービスなら手厚いおもてなしによる至れり尽くせりを追求し、ものづくりは高機能と多機能を追求することが大きな流れでした。

その結果、質が高い商品やサービスが低価格で手に入る社会が構築されました。

しかし、**高機能化が進む世の中においても、シンプルで簡素なサービスを求める人はいます。**

カット店の場合、「カリスマ美容師に切ってもらいたい」という人がいる一方には、「早く切ってほしい」「安く済ませたい」と考える人がいます。そのニーズに応えることが1000円カット店の強みです。

サービスや機能を足すのではなく、できる限り引くことを考えたことに成功の要因があります。これは、至れり尽くせりと高機能化を求める世の中へのアンチテーゼといっても良いでしょう。

異業種では、機能が少ないシンプル家電やらくらくホンなどもシンプルだから支持されている例です。

▼生活に密着したニーズ

もう一歩掘り下げると、「髪を切りたい」というニーズが永遠に消滅しないことも重要です。人のニーズは、まず衣・食・住のニーズが根底にあります。これらが満たされないと人は最低限の生活ができません。

これらが満たされた上には、遊・休・知・美のニーズがあります。遊は遊び、休は癒し、知は学び、美は美容のことで、髪を切りたいというニーズは美に含まれます。これらが満たされることで必要最低限の生活は文化的な生活になります。

いまの日本は豊かですから、衣・食・住が満たされずに困っている人は多くありません。そのため、遊・休・知・美を通じて文化的に暮らすことが多くの人の普遍的なニーズになって

人手不足が進む理容業界

「理容師の推移」（出典：厚生労働省「衛生行政報告例（平成27年度）」）

	理容店		理容師数	
	実数	指数	実数	指数
平成15年	140,130	100.0	251,981	100.0
平成16年	139,548	99.6	250,767	99.5
平成17年	138,855	99.1	250,407	99.4
平成18年	137,292	98.0	248,494	98.6
平成19年	136,768	97.6	246,861	98.0
平成20年	135,615	96.8	244,667	97.1
平成21年	134,552	96.0	243,644	96.7
平成22年	130,755	93.3	237,602	94.3
平成23年	131,687	94.0	240,017	95.3
平成24年	130,210	92.9	238,086	94.5
平成25年	128,127	91.4	234,044	92.9
平成26年	126,546	90.3	231,053	91.7
平成27年	124,584	88.9	227,429	90.3

理容店、理容師は、ともに減少傾向にある。一方で、ヘアカットの需要は普遍的であるため、ニーズに応えるためには、彼らが安定的に働き、稼げる場をつくることによって人手不足に対応する必要がある。

います。

ニーズが普遍的であるということは市場が消滅しないということです。実際、髪は放っておけば伸び続けますので数か月に1回のペースで「切りたい」というニーズが発生し続けます。

また、生活に密着しているニーズは景気の変動も受けにくいといえます。「不景気だから髪を切らない」と考える人はほとんどいないでしょう。

事業者としては、この分野のニーズに応えるサービスをつくることも成功のポイントです。普遍的なニーズを獲得することで、長期的に収益が安定しやすくなるのです。

単価は安くても利用者が多ければ事業は伸びる

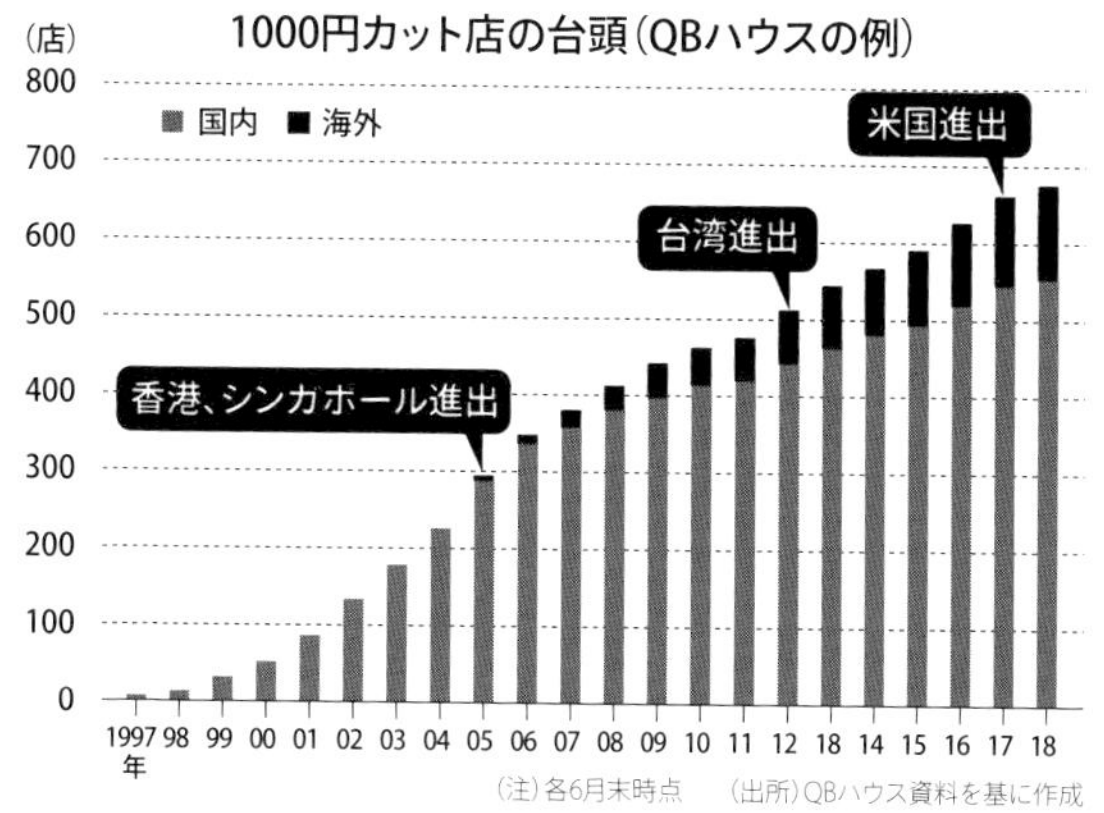

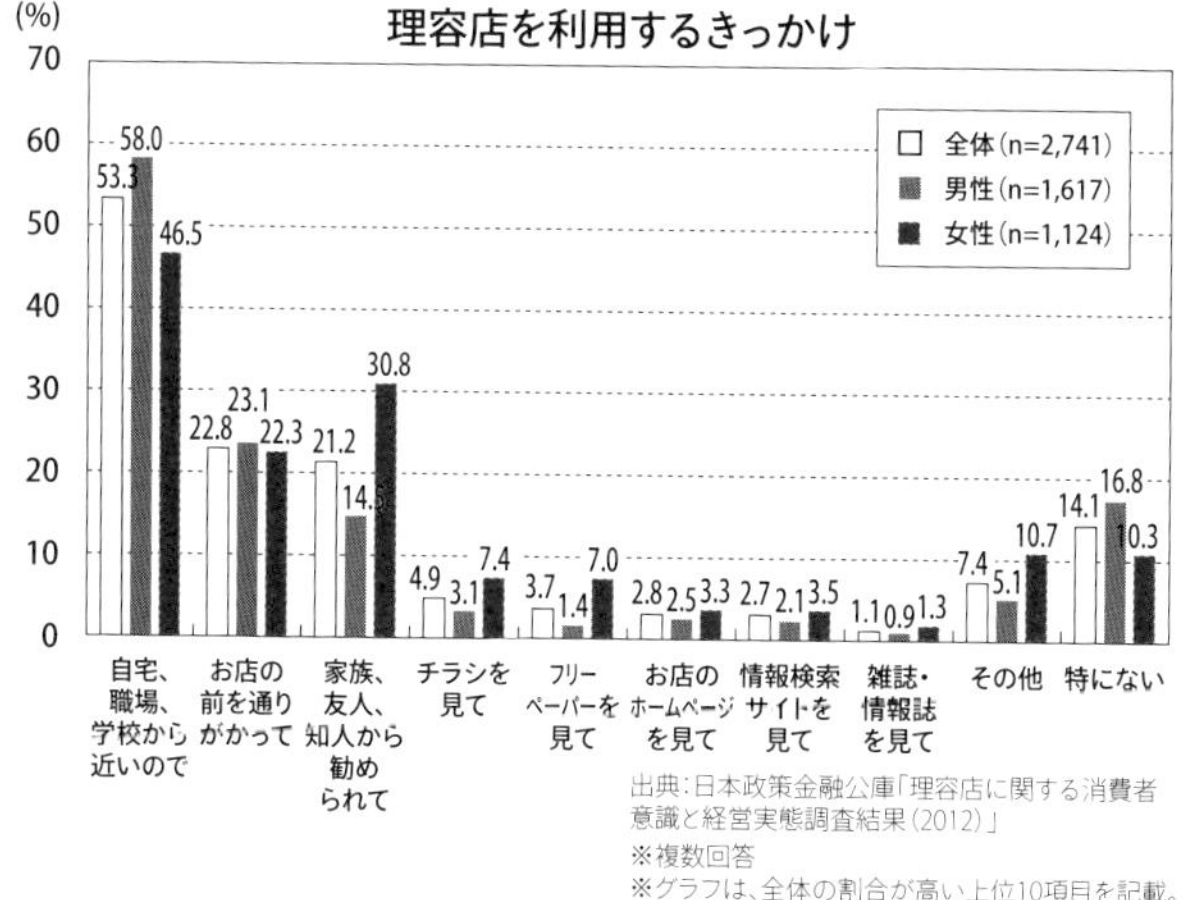

理容店や美容室は自宅や職場などから近い店が選ばれる「最寄り産業」の傾向が強い。1000円カット店は、安い、近い、所要時間が短い（安・近・短）が特徴で、特定の店を決めていない人のニーズを獲得しやすい。

3-5 スマホゲームはなぜ無料が多いのか？

▼無料だから遊んでみたくなる

価格設定において最強のキーワードは「無料」です。スマホで遊ぶゲームはその強みを発揮している一例で、2012年に約5000億円だった市場規模は、その後の10年間で約2倍超に成長しました。

多くのゲームが無料提供される理由は、まず競争力の維持と強化につながるからです。

ゲームが好きな人たちは常に新しいゲームを求めます。無料であれば「遊んでみよう」という気持ちも高まります。このきっかけを通じて自社のゲームをダウンロードしてもらい、市場での存在感を高めることができます。

また、スマホゲームの中でもソーシャルゲームと呼ばれるゲームは、SNS上の友人をゲームに招待したり、ゲーム内で友人をつくって一緒に遊んだりすることができます。

その過程でゲームの認知度が高まり、とくにランキングを競ったりゲーム内のアイテムをやり取りしたりするなどの要素を含む場合、ゲームを中心とするネットワークができ、ユーザーが増えやすくなります。

どんなゲームも、まずは遊んでもらい、評価されなければ普及しません。無料はそのための第一歩で、ユーザーの入り口を可能な限り広げた結果です。

ちなみにスマホはホーム画面に置けるアプリ数が限られています。ユーザーにとっては、もっとも多く使うアプリをホーム画面に置き

ますし、スマホ画面の一等地といっても良いでしょう。ゲーム会社のみならず、アプリを出している会社にとっては、自社のアプリをホーム画面に置いてもらうことが利用回数と頻度を増やすうえで非常に重要なのです。

▼収益化の2つの方法

ユーザーを獲得したら、次に重要なのがマネタイズ、つまり収益を得るための計画です。そのための方法の1つは広告です。多くの無料アプリは広告を表示し、その広告収入によって収益を得ています。

広告主としてはより多くの人に広告を見てもらいたいわけですので、ユーザー数が多い人気ゲームほど広告を出したい企業が増えますし広告料も高くできます。

収益を得る2つ目の方法はアプリ内課金です。基本的なゲームは無料で遊ぶことができるようにし、一部の高度なサービスや、ゲーム内で使うアイテムなどを有料化する方法です。これはマーケティングではフリーミアムモデルといいます。フリーミアムは、フリー（無料）とプレミアム（有料、上級）を組み合わせた造語です。

ゲームが面白ければ、ユーザーが増え、ユーザー同士の協働や競争のためにアイテムを買う人が増えます。そのためにも、まずはユーザー数を増やす必要があり、そのための入り口として無料で遊べる仕組みになっているのです。

無料化で心配なのは、無料で遊ぶ人ばかり増えることです。ゲームの場合も「無料ゲームしかやらない」「課金はしない」と決めている人もいます。しかし、スマホゲームなどのウェブコンテンツでは、ユーザーの5％が有料サービスを利用すると収支面で事業が成立するといわれます（5％ルール）。

つまり95％の人が無料で遊ぶフリーライダーであったとしても、**コアなファンをつくればきちんと事業として成立する**のです。

▼反応を見ながら更新できる

短期的な収益にはなりませんが、中長期で見ればユーザーのデータが収集できることもメリットです。

アプリはデジタルで提供されますからユーザーに関するあらゆるデータが取得できます。反応などから分析することでゲームの改善や次のゲームの開発に活かすことができます。

スマホの普及でゲーム市場が拡大

急成長するモバイルゲーム市場（出典：ファミ通モバイルゲーム白書2022、モバイル・コンテンツ・フォーラム資料）

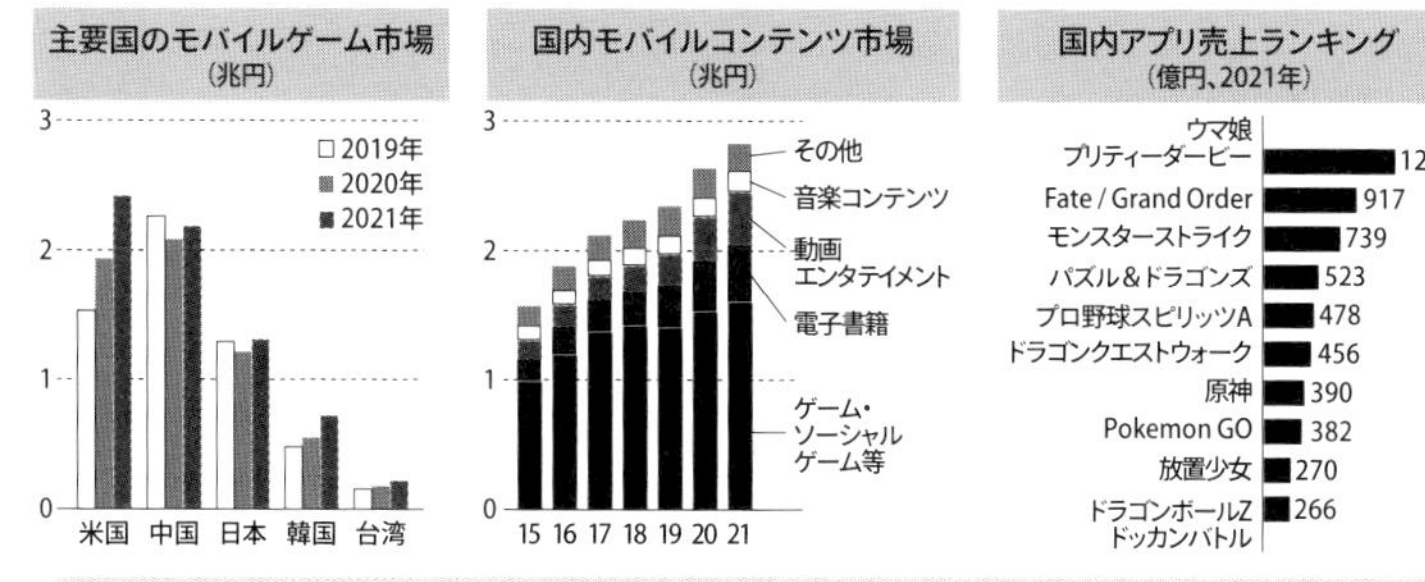

ゲーム市場は拡大傾向にあり、とくに伸びているのがスマホなどで遊べるモバイルゲーム。ヒット作は無料で遊べるものが多いが、課金によって1000億円の売上を生むこともある。

アプリのようなデジタルコンテンツは常にアップデートでき、アジャイルで完成度を高めていくことができます。

この特徴を活かすことで、ゲームの改善などによってゲームそのものを育てていきながら、ユーザーやファンを増やすことができます。

これはゲームに限らず全てのデジタルコンテンツに共通する強みですので、自社で提供している商品やサービスにも応用できるかもしれません。

無料と有料のサービス内容を分けて収入源をつくる

（出典：Funda）

フリーミアムとは

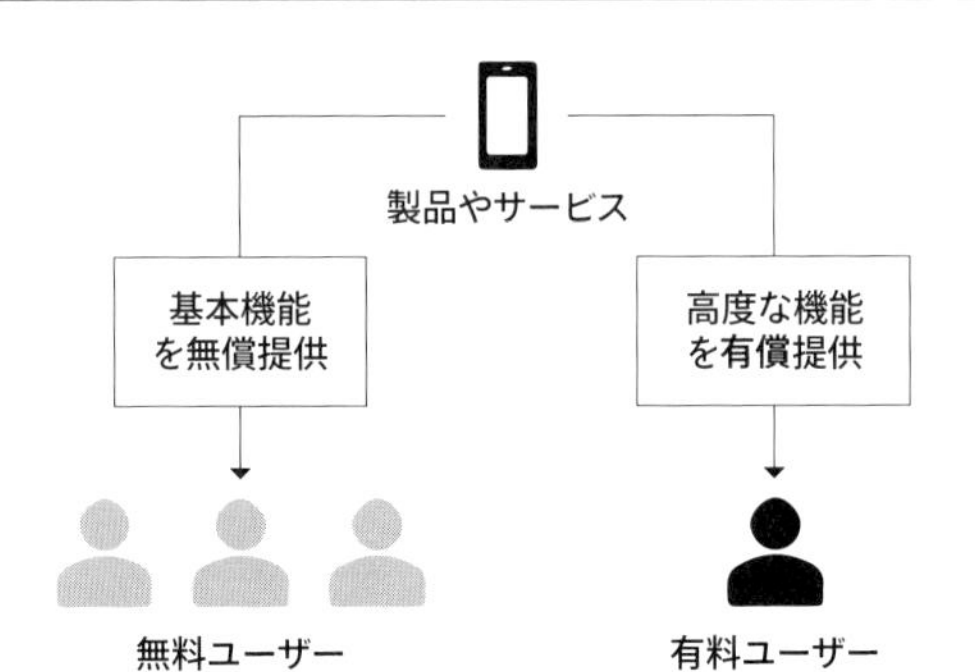

無料ユーザーに制限を設ける

機能の制限

無料版では一部
機能を使えない
ように制限

利用上限

ストレージや毎月
の使用料などを
制限

サポートの制限

無料プランでは
カスタマーサポ
ートが使えない
など制限

無料（フリー）と有料（プレミアム）を組み合わせ、境界線をつくることによって収益を伸ばす事業モデルをフリーミアムモデルという。無料でユーザーを増やし、その中から有料サービスの利用者を増やすことで収益を増やしていく。

第４章

ブランド力アップにつながる消費者心理の掌握術

昼休み
ぐ〜きゅるるるるる
びくっ
ぐ〜きゅるるるるる〜
ランチ行かないのかい？
いつもダッシュで行くのに
ズ…
←白湯
それがですね…
この前友人の誕生日パーティがありまして…
フ…
プレゼントを用意したり
いいワインをたくさん飲んだりして…
いやめちゃくちゃ楽しかったんですけど
ウェ〜イ!!
今月もう厳しいんです…

確かにプレゼント選びって難しいよね～
高すぎても安すぎてもアレだし
その点は大丈夫でした！
SNSでバッチリ情報収集したんで‼
インフルエンサー
♡モチャ子♡
総フォロワー数80万人
モチャコ効果でバズりまくってどのお店もほぼ売り切れでしたよ～
SOLD OUT
♡モチャコ推し♡
コスメ
お1人様1点まで
人のプレゼントなのに自分も欲しくなるっていう‼
紹介されるとだんだんいいな～って思えてきて…
消費者心理を見事に突かれたな
だって限定とか言われると…
ぐ～～
ハッ
…とはいえお腹が空いていたら仕事に集中できないよな
ランチ行こうか！
おごるよ
先生～！
ありがとうございます‼(泣)

高級寿司店はなぜ予約でいっぱいなのか？

▼消費者は自分の判断を正当化したい

顧客の評価や満足感が高まらないと悩んでいる原因は、値段が安いからかもしれません。例えば、銀座にあるようなカウンターのみの寿司店は、高額ですが予約でいっぱいです。その並びにある高級クラブもお客さんが入っていますし、お客さんたちが着ている服や時計なども高額ですがしっかり売れています。

値段を高くすることによって満足度が高まる理由は利用者の心理と関係しています。

人は基本的に自分の判断を正当化したいと考える心理が関係しています。高い店で食事をした場合、「高いのだから良い店であるはず」と思い込みやすくなります。

また、自分の判断を正当化するための行動として、「美味しかった」「素晴らしかった」と評価している口コミ情報を重視し、低評価の口コミは無視したり、「この人は味オンチなのだろう」などと判断したりします。その結果「あの店は最高だった」と自分を肯定し、店の評価と満足感が高くなるのです。

これは心理学で確証バイアスと呼ばれます。**確証バイアスは、自分の思い込みを裏付ける情報を無意識に集めることで、合理的な判断がしづらくなることを指しています。**

▼手間がかかるほどありがたみが増す

満足度が高まる要因として、予約が取りづ

確証バイアスによって自分に都合の良い情報が耳に入る

ありのままの世界			私たちが認知する世界	
肯定的な情報	否定的な情報	→	肯定的な情報	否定的な情報

確証バイアスによって自分の意見・信念に肯定的な情報はかりが認知され、否定的な情報が認知しにくくなる
－このバイアスは無意識レベルでかかってくる

真の意味で「客観的に」世の中を観察することは不可能に近い

人は無意識のうちに自分にとって都合が良い情報を集めている。自分の考えに合わない意見を否定したり拒絶したりすることによって解釈が主観的に歪む。

らいこともポイントです。人が何かにお金を払うときには、金額だけでなく、その商品を手に入れるためにかかった手間や労力などもコストとして考える傾向があります。

商品やサービスの質が同じでも、簡単に買えたときよりも苦労して手に入れたときのほうが価値があると感じるため、予約が取りづらい店を予約できたり、食事できたりしたときの満足度が高まりやすくなるのです。

確証バイアスはSNSでもよく起きます。SNSでは、自分の関心ごとや考えに合う人とのコミュニケーションが増えます。すると、自分の考えが正しいという思い込みが強くなります。これはエコーチェンバーと呼ばれる現象です。

SNSのような身近なところでも自分を正当化する思い込みは強化されているのです。

通販番組の商品はなぜ個数が限定されているのか？

▼入手困難であることが価値になる

深夜の通販番組では「限定」という言葉がよく出てきます。これは消費者の心を惹きつける魔法のワードです。通販番組で販売数などを制限する理由は、人の「ほしい」という気持ちを高めるためです。

限定という言葉は、「みんなと同じではイヤ」「つまらない」と考える人の心にささります。その結果、希少性が高い限定商品に魅力を感じやすくなり、売れやすくなります。この心理をスノッブ効果といいます。

この心理を踏まえた売り方は通販番組以外でも使われています。例えば、人気のラーメン店はスープがなくなり次第営業終了します。アパレル店では入荷未定の人気商品に予約が殺到します。

つまり**「手に入りにくい」ことが価値となり、手に入れたい人が増えやすくなり、行列ができ、行列が行列を呼び、話題が話題を広げるわけです。**

▼単価が上がって利益が増える

限定することによって行列や話題が生まれれば、商品やサービスの売上アップ以外のメリットも生まれます。

数量を限定すると、その数だけ売り切れば良いわけですので売れ残りが発生するリスクを抑えられます。また、限定数が全て売り切

さまざまな「限定」が希少性を高める

「限定」の訴求パターン		概要
発売期間の限定	期間限定	期間限定と記載されたもの
	季節限定	春限定、秋限定など
発売量の限定	数量限定	数量限定、限定出荷、限定醸造など
	限定商品	限定アイテム付き、限定フレーバー、限定増量など
購入場所の限定	地域限定	○○エリア限定と記載された商品
	チャネル限定	コンビニ限定など
記念限定		○周年記念と記載された商品、周年を記念して限定発売された商品
限定パッケージ		パッケージデザインが限定であるもの
限定		「限定」とだけ記載されている商品

「限定」を売り文句とするマーケティングには、数量限定のほか、季節や地域などを限定するパターンもある。買い手に「ほしい」と思わせる限定方法を考え出すことが大事。

れるのであれば、あらかじめ売上が計算できます。

売り切れは収益を伸ばす機会を逃すことになりますが、売れることが分かっていれば値下げする必要がなくなり、人気に乗じて値上げすることもできます。これも収益の安定化につながる大事な要素です。

コスト面では、宣伝費などを抑えやすくなります。手に入りにくいものを手に入れた人は、そのことを自慢したくなるものです。友人に自慢したり、SNSで投稿したりしたくなります。このような活動によって広告費をかけずに商品やサービスを周知できます。さらに、在庫管理コストも低減できます。

つまり**定価販売や値上げによって利益が伸び、一方では販売に関わるコストが減るため事業者の利益が増えやすくなる**のです。

4-3 インフルエンサーマーケティングはなぜこれほど注目されているのか？

▼流行りに乗りたいという心理を刺激

商品やサービスを広める広告手段として、インフルエンサーを使う企業が増えています。SNS市場の調査（デジタルインファクト調べ）によると、2022年のインフルエンサーマーケティング市場は615億円で、2027年にはその規模が約2倍になると予測されています。

インフルエンサーマーケティングが効果を生むのは、「流行りものがほしい」「流行に置いていかれたくない」といった心理を刺激するからです。

この心理は**バンドワゴン効果**といいます。タピオカ屋が流行った理由もバンドワゴン効果が作用しています。

ただし、全ての人がインフルエンサーになびくわけではありません。影響を受けやすいのは、流行りや周りを気にする傾向がある人で、この層は市場ではアーリーマジョリティやレイトマジョリティと呼ばれます。

▼市場との懸け橋として機能

新しい商品などが発売されたときの反応によって、消費者は5つの層に分けることができます。これを**イノベーター理論**といいます。

新たな商品が発売されると、まずは新しさに価値を見出すオタク気質な人（イノベーター）が飛びつき、次に新しい商品の機能な

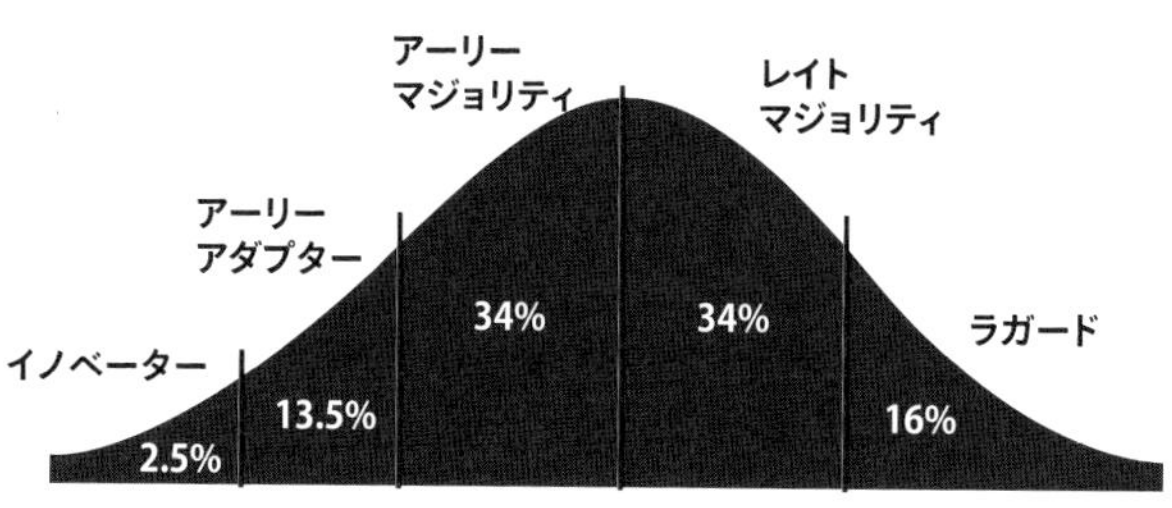

マーケティングでは、アーリーアダプターが認めた商品やサービスを消費者の主体（アーリー／レイトマジョリティ）に認めさせるのが難しいとされる（キャズムという）。このつなぎ役を果たすのがインフルエンサー。

どを評価する人（アーリーアダプター）が周りに広めます。この理論の中で、インフルエンサーはアーリーアダプターに属し、商品などを紹介し、広める役割を持ちます。

その後、紹介などによって市場の主体（アーリー／レイトマジョリティ）へと広がります。この層まで広がると、商品は市場のほぼ全部に浸透しますが、中には全く関心を示さない保守的な人（ラガード）もいます。

ここで重要なのは、インフルエンサーマーケティングは、マジョリティ層への訴求に有効で、イノベーターやラガードへの効果は薄いということです。商品の軸で言い換えると、**マニア受けは良いけれども一般的には周知されていない商品などは、インフルエンサーマーケティングが市場の主体とのつなぎ役になる**ということです。

莫大な費用を投じてなぜ大手企業はテレビCMを打つのか？

▼信用されるほど売れる

人は何かを判断するとき、複数の要素を踏まえています。何かを買う場合も、商品の機能や見た目といった一面のみを見ているのではなく、そこに付随するさまざまな情報をもとに買おうかどうか判断しています。

それらの要素の中で、消費者に与える影響が大きいのは信用です。大手企業がテレビや新聞などの広告にお金をかける理由はここにあります。これら**マスメディア広告は信用を獲得するための有効な手段**なのです。

消費者の視点で見ると、マスメディア広告を出している企業なら信用できると感じます。その安心感が礎となり、大手の商品やサービスを選ぶ人が増え、シェアと売上が伸びます。

これは心理学では**ハロー効果**といいます。ハローは「後光」を意味する単語で、消費者としては「テレビCMで見た」「大きな新聞広告を出している」といったことが企業や商品に対するプラスの効果（後光）となるのです。

CMで有名なタレントを起用するのも、「あの人が使っているから安心」という効果をもたらします。後光は権威からも発生するため、商品については「専門家が推奨」「売上ランキング1位」といった売り文句や、企業については「都心にオフィスがある」「従業員数が多い」「大手の仕事を引き受けている」といった情報もハロー効果を生み出します。

▼人とパートナーが集まりやすい

もう一歩踏み込むと、ハロー効果によって信用が高まることには、売上が伸びること以外のメリットもあります。

企業のリソースであるヒト・モノ・カネで見てみると、まず**信用が高い企業ほど人が集まりやすくなります。**採用では、名前が知られた会社ほど応募者が増え、優秀な人材を採用しやすくなります。企業同士の付き合いでも、信用がある企業は「あの会社なら安心だ」「信頼できる」と評価されるため事業のパートナーを集めやすくなります。

カネとモノの点では、**信用がある企業ほど銀行などからお金が借りやすくなります。**そのお金で工場をつくったり人を増やしたりすることができ、モノの生産の量と質を高める

ことができます。

つまり**信用は企業活動の源泉であり、信用を高めれば高めるほど大手企業の強みとなる**わけです。

▼健全な企業に有利な時代

税務の観点から見ると、信用は財務諸表には載っていない価値です。現金や土地といった形のある資産とは違い、目に見えない資産（無形資産）です。ただし、その価値が年々高まっています。

例えば、昨今はコンプライアンスが重視されます。企業の不祥事や商品の不備などがあると、そのせいで不買運動が起き、業績も悪化します。安全や安心を損なうようなコンプライアンス違反や、脱税のような犯罪が起きた場合には、その影響によって会社が潰れる可能性もあります。

また、近年はＳＤＧｓの時代でもありますから、商品などの価値だけでなく、その商品をつくる過程で自然環境を破壊していないか、誰かに劣悪な労働環境を強いていないかといったことが商品の評価に関わります。企業活動に問題があれば、ＳＮＳによってすぐに拡散されます。

これらは全て信用に関わる問題です。企業は消費者や取引先の信用を重視し、清廉潔白な企業活動を正々堂々と推進していくことが求められるのです。

言い換えれば、**社会のルールを守り、健全な活動をしている企業にとっては、それをアピールすることによって企業の信用を獲得できる**ということです。

信用はお金では買えません。しかし「安心できそう」「安全だろう」といったイメージはCMを通じて構築できます。

CMを出すことにより、CMを出せるくらい十分な利益を出している、タレントを使えるくらいの社会的地位があるといった印象を間接的に与えることができ、それも信用につながります。マスメディア広告はそのための手段であり、だから大手企業は広告にお金をかけるのです。

コンプライアンスの概念

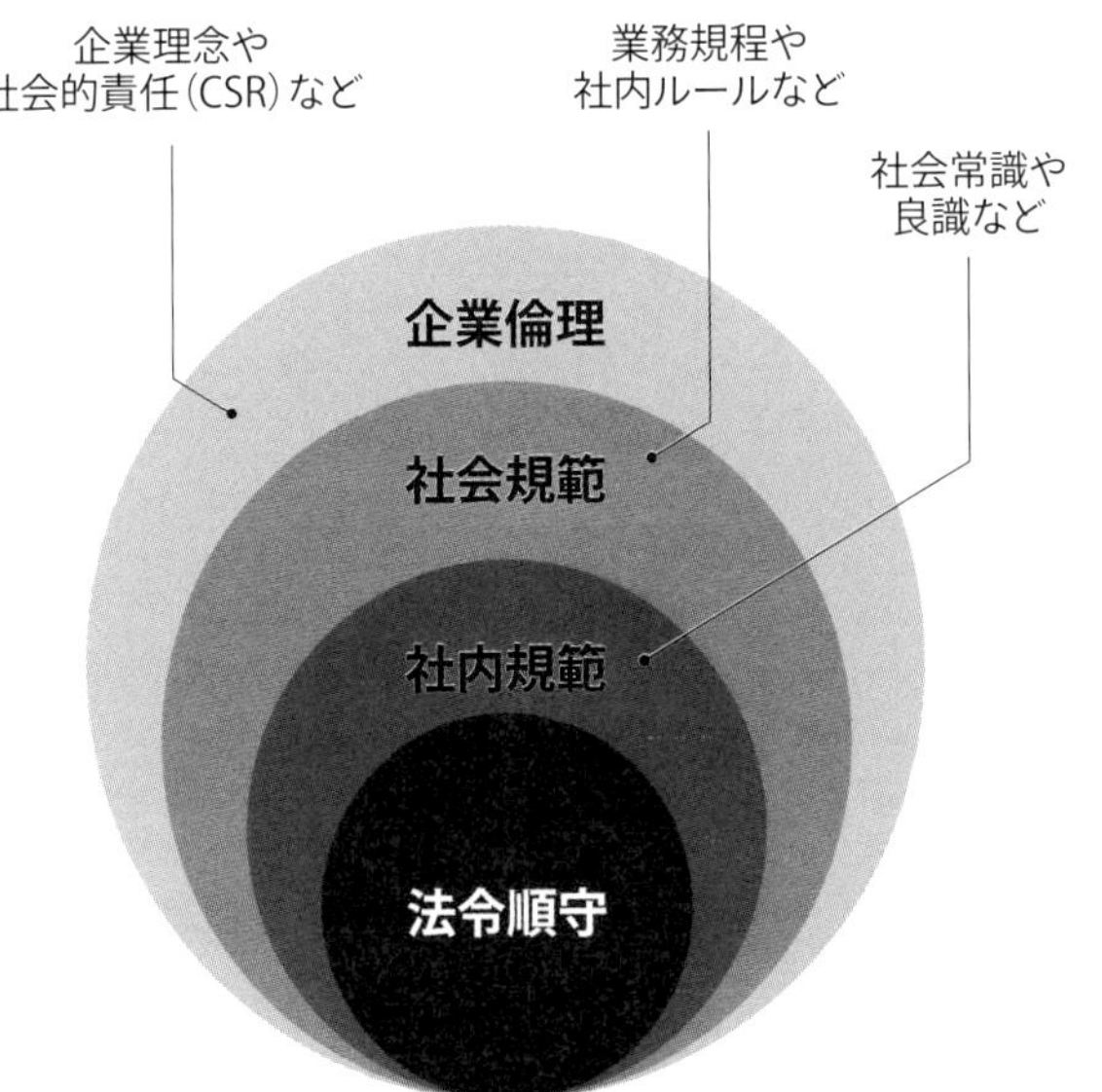

現パナソニックの創業者である松下幸之助さんの名言の１つに、「企業は社会の公器である」というものがあります。最近は、コンプライアンス意識が低かったり、「儲かればそれでいい」というスタンスの企業が、ＳＮＳで炎上し、経営存続の危機に陥ることも珍しくありません。

4-5 携帯電話の契約はなぜ分かりづらく手間がかかるのか？

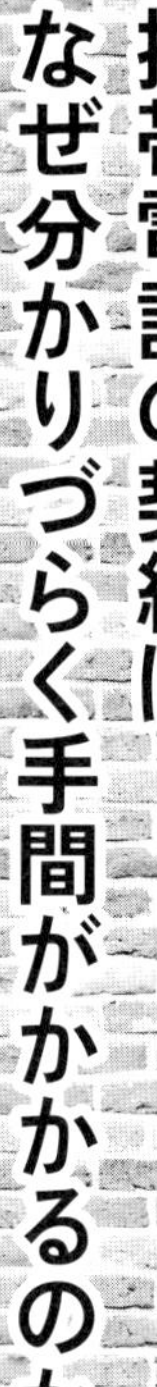

▼変える労力を避けたい

シェアを増やしたい場合も、シェアを奪われないようにしたい場合も、共通して重要なのが**スイッチングコスト**です。スイッチングコストは、何かを変える（スイッチする）ための労力や、その労力をかけたくないと思う心理のことです。

携帯電話はスイッチングコストが発生する一例です。携帯電話市場は、かつては大手3社が需要を囲い込み、ユーザーが固定化されていました。しかし、使用中の番号を使い続けられるナンバーポータビリティ制度ができ、大手間での移動がしやすくなりました。また、大手キャリアのサブブランドを含む格安スマホの提供も始まり、従来のような3社寡占の状況に変化が起きました。

結果として携帯料金の平均額は下がり始めたわけですが、一方には、高額な携帯代を払い続けている人もいます。契約者数を見ても、トップ3は依然として大手で、格安スマホユーザーの割合は2割前後にとどまっています。

▼負担が大きいほど囲いこめる

スイッチングコストの特徴は、コスト負担の感じ方が人それぞれで異なることです。一般的なコストは、例えば、電話代が5000円、交通費が1万円といったように数値化でき、5000円や1万円という価格は万人に共通

です。

一方、スイッチングコストは心理負担が占める割合が大きく、これは数値化できません。例えば、機器の操作に慣れていない人や忙しい人は面倒と感じる度合いが大きいでしょう。慣れている人は格安スマホをネットで契約したりＳＩＭカードを入れ替えたりする作業に負荷を感じません。

この負担の大きさや差を数値化することはできないのです。これはサービスの提供者側にとっては囲い込み戦略のポイントです。

重要なのは、**他社サービスに変えるための手続きが煩雑であるほど、また、手続きに不慣れなユーザーが多いほど、そのサービスはスイッチングコストが高く、ユーザーを囲みやすい**ということです。

そのため、ユーザーを囲い込むための施策としては、手続きを複雑にしたほうが良いといえます。実際、大手キャリアのサービスを見ると、家族割引、長期利用割引、自宅用インターネット回線の割引、電気代など別のサービスとの連携、クレジットカードやポイントカードとの連携サービスなどがあり、ユーザー特典が複雑化しています。

キャリアを変えると、それに伴って付帯サービスも契約し直すことになり、つまり非常に面倒くさくなります。そこでスイッチングコストが高くなり、「多少高くても今のままでいいや」となるわけです。

▼コストを下げる見返りは大きい

大手などから顧客の獲得を目指す新規事業者の場合は、この面倒くさい心理を上回る特

典をつけなければなりません。その方法は3つあります。

1つは価格特典です。既存サービスよりも安ければ安いほど「面倒だけど、やったほうが得」と思う人が増えます。

2つ目は乗り換えの手間を抑えることです。すぐできる、誰でもできる、代わりに手続きをするといった方法によって「それほど面倒ではなさそうだ」と思ってもらうということです。

3つ目は既存サービスにない魅力をつくることです。乗り換えの手続きが面倒でも、乗り換えた先でしか使えない機能などがあれば、「面倒くさいけど乗り換えよう」と思ってもらえるでしょう。

また、そのための施策としては、サンプルを配ったり無料のお試し期間を設けたりするなどして魅力を感じてもらうことができます。

スイッチングコストの壁さえ乗り超えれば、そこから先は継続的な収益が生まれます。携帯電話の場合、大手のユーザーの継続利用年数は10年を超えていることが多く、つまり10年にわたって収益が獲得できます。囲い込みによって事業収益も安定しやすくなります。

これは大きな見返りです。そのために施策を工夫したり考え出したりする効果も非常に大きいといえます。

「面倒くさい」が心理的な壁

選ばない理由

大手キャリア　(n=356) 単位：人　※複数回答可　※大手キャリアを利用している人対象

1位	変更するのが面倒である	255
2位	通信面が不安	161
3位	周りで利用している人がいない	84
4位	セキュリティ面が不安	69
5位	機能面に不安がある	67
6位	会社への信頼がない	42
7位	サポートが充実していない	40
8位	なんとなく	34
9位	品質が悪い	30
10位	ほしい機種を取り扱っていない	25

格安スマホ　(n=144) 単位：人　※複数回答可　※格安スマホを利用している人対象

1位	価格が高い	136
2位	変更するのが面倒である	18
3位	料金プランが充実していない	15
4位	イメージが悪い	10
5位	会社への信頼がない	7
6位	ほしい機種を取り扱っていない	6
7位	通信面が不安	2
8位	品質が悪い	2
9位	周りで利用している人がいない	2
10位	なんとなく	2

キャリアを選んだ理由

大手キャリア　(n=356) 単位：人　※複数回答可　※大手キャリアを利用している人対象

1位	使い慣れている	249
2位	家族、知人が利用している	164
3位	通信面が安定している	87
4位	家のネット回線とセット契約	74
5位	会社への信頼がある	71
6位	品質が良い	48
7位	イメージが良い	45
8位	サポートが充実している	44
9位	なんとなく	40
10位	セキュリティ面が安全	29

格安スマホ　(n=144) 単位：人　※複数回答可　※格安スマホを利用している人対象

1位	価格が安い	137
2位	家族、知人が利用している	29
3位	料金プランが充実している	27
4位	使い慣れている	17
5位	通信面が安定している	14
6位	家のネット回線とセット契約	10
7位	イメージが良い	8
8位	なんとなく	7
9位	品質が良い	6
10位	ほしい機種を取り扱っている	5

携帯電話（スマホ）の通話料や基本料金は平均では下がっているが、一定数の人が「面倒くさい」「使い慣れている」「なんとなく」といった理由で高い料金を払い続けている。

出典：株式会社ＧＶ「【まねーぶ調べ】大手vs格安、スマホユーザーが選ぶ利用シェアNo.1は？」

心理的負担もコストの一部

3種類のスイッチングコスト

コスト	心理的要因
サーチコスト	そのカテゴリーの商品・サービスの内容を全て 自分で調べることによるコストを負担したくない
学習コスト	これまで習得した商品・サービスの使用や操作方法が 新たな商品・サービスに転用できなければ負担になる
累積投資コスト	これまで商品・サービスを購入し続けることにより 得られていた特典(ポイントカードなど)が利用できなくなる
関係構築コスト	これまでつくり上げた取引関係を、一から作るのは時間がかかる。 また、新たな対人関係による心理的な負担も避けたい

キャリアや機種変更にかかる手間などもコストに含まれる。競合からのシェア獲得や新規獲得を目指すならコストを下げ、既存の顧客を囲い込むならコストを高くする。

4-6 ヤクルトレディは なぜ顧客との関係を維持できるのか？

▼対話が満足度を高める

人は、繰り返し接する人やものに愛着を感じます。印象や好感度が高まり、関心度合いも高まります。これを**ザイオンス効果**といいます。

この心理を活用しているのが訪問販売です。例えば、ヤクルトは3万人ものヤクルトレディを通じた企業や個人宅への訪問販売を全国展開しています。

訪問販売で重要なのは、人の介在が価値を生むことです。オフィスを例にすると、ヤクルトを売るだけなら自販機などを置いて無人販売にしたほうが安上がりです。

ただ、無人販売は、販売はできますが提案や会話はできません。それがヤクルトレディなど訪問型の差別化要因です。

例えば、会話を通じて、契約している企業の社員との人間関係ができます。腸や健康についての会話ができれば、おすすめの商品を提案でき、それが個別カウンセリングのような新たな価値にもなります。

個人宅の契約の場合も、単身で住んでいる高齢者などは会話相手を求めていることが多く、自分の健康に対する不安などもあるため、その点でも訪問と対話によってヤクルトレディの信頼度と契約者の満足度を高めることができます。

▼人の活用が差別化につながる

接触回数と好感度は比例する

ザイオンス効果

営業
何回も足を運んでくれるな〜
恋愛
なんだか最近よく会うな〜
メルマガ
あ、またメルマガ来てる！
Web広告
よく見かけるバナー、ついクリックしちゃった

接触回数が増えるほど親しみが湧き、好感を持つようになる。ファンを増やすためにはさまざまな手段で接点を増やし、頻度を高めることが有効。

契約者とのコミュニケーションを通じて、彼らのニーズや課題などを聞くこともできます。これは無人販売のような一方通行のコミュニケーションではなく、ヤクルトレディを通じた双方向のコミュニケーションだからこそ実現できることです。

少し先を見ると、日本は人口減少による人手不足が進み、AI活用によってあらゆるサービスの機械化と自動化が進んでいきます。そういう環境だからこそ人のコミュニケーションは貴重になり、価値を生みます。

人には人にしかできないことがあり、対話はその1つです。**コミュニケーションを通じて相手の心をつかみ、人間関係を構築していくことは、これからの社会で重要さを増しますし、それが事業の特徴になり、競合との差別化にもなる**はずです。

観光地のお土産店はなぜ儲かるのか？

▼お金の価値の感じ方が変わる

旅行先では気が大きくなりがちです。いつもは節約家であるにもかかわらず、旅行先から戻ってから「なんでこんなものを買ったのだろう」と後悔するようなお土産を買ったりした経験を持つ人は多いでしょう。

このような揺らぎの背景にあるのが、**メンタル・アカウンティング**です。これは直訳すると「**心の会計**」で、お金を使うことや、お金そのものの価値の感じ方が、自分が置かれているその時々の状況と心理状態によって変わることを意味しています。賭け事で勝ち、想定外の収入があったときなども、無駄遣いしてしまうことがあります。

▼人の判断は合理的ではない

ものを売る側から見ると、太っ腹の心理になっているお客さんが多いほど売上が伸びます。その点で見ると、旅行先のお土産店は売上を確保しやすく、儲かるのです。

デートで使うレストランや、結婚式などお祝いの席なども、ケチることが不粋だと認識されているため、利用者が太っ腹の心理になりやすく、売上が伸びやすいといえます。

また、旅行を楽しめる時間は限定されているため、「時間内にできるだけ楽しまないといけない」という焦りと、「せっかくだから十分に楽しまないといけない」という義務感が生まれます。これも財布の紐を緩めます。

お金の感覚的な価値は使う場面によって変わる

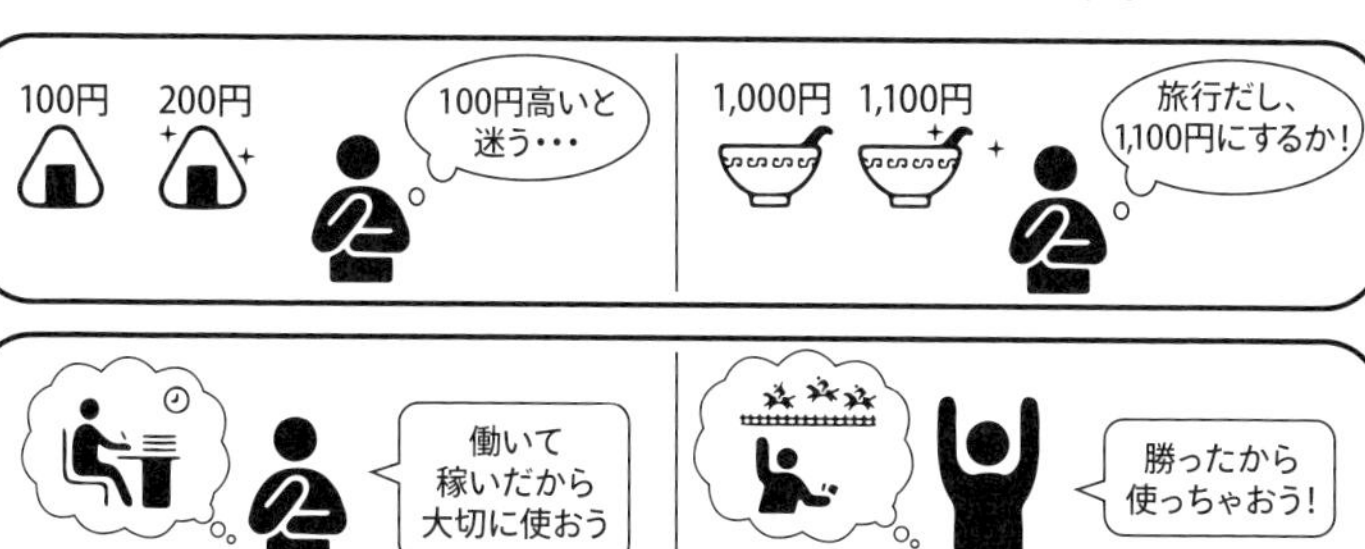

仕事で得た1万円とギャンブルで儲けた1万円は、入手の背景が異なるため、金銭的価値は同じだが感覚的には価値に差が生まれる。散財するときは散財しやすい環境が整っていることが多い。

逆に、心理的にケチになりやすいのは日用品の買い物、日々の食事、光熱費など、生活に関連する出費です。そのため、お金を使ってもらいやすくするためには特別感を演出することが有効です。日用品を扱うスーパーなどでイベントを行うのも、レストランが誕生日クーポンを配るのも、特別感によってお金を使いたくなるようにする工夫です。

人は合理的に考えているようで非合理的に行動するときもあります。売り手として覚えておきたいのは、**消費者の財布の紐は、特別感のある状況で緩みやすくなり、特別感のない普通の日は引き締まる**ということ。そして、特別感、高揚感、焦りといった心理的な揺さぶりが起きやすい状況をつくることが売上を伸ばすことにつながるということです。

4-8 容姿端麗とは言えないアイドルがなぜ売れるのか？

▼熱心なファンが収益を生む

乃木坂46など、複数名の女性で構成する女性アイドルグループが人気です。時代を振り返れば、ＡＫＢ48、モーニング娘。、おニャン子クラブなども大人気でした。

これらグループに共通しているのは、メンバーそれぞれに熱心なファンがつき、メンバーそれぞれのファンの集合体がグループのファンになっていることです。

最近は、自分のお気に入りのアイドルを見つけて応援することを「推し活」といい、この潮流はアイドルのみならず、俳優、声優、キャラクター、スポーツ選手などのファンの間でも浸透しています。

▼応援する喜びを実感

推し活の原動力は応援の気持ちです。人は、誰かに応援されたときだけでなく、応援するときにもうれしさを感じます。**自分の行動（応援）が成果（推しの成長や成功）に影響を与えていると実感し、そこに喜びを感じる**のです。

例えば、人気投票に参加できる投票券付きのＣＤを買うと、その1票を投じることで推しのランキングを上げることができ「推した実感」が得られます。**好きな人の役に立つことで自分の存在価値を再認識できます。これは心理学で自己効力感とよばれます。**

より強い自己効力感を求める人は、投票券付きのＣＤを何枚も買います。自らの生活費

「応援」は生き甲斐になる

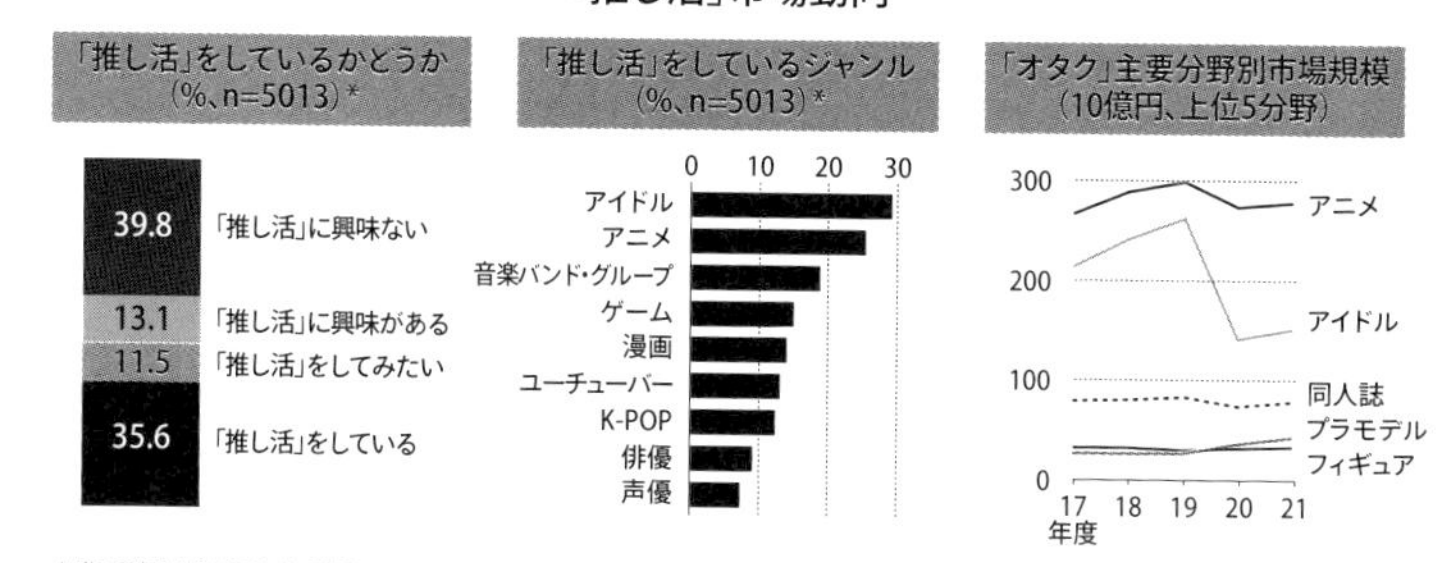

出典：日経MJ2022/1/1、日経クロストレンド2023/1/13、矢野経済研究所「「オタク」市場に関する調査（2021年）」

趣味の多様化によって「推し」もさまざまな分野に広がっている。応援することによって承認欲求（人が生きていくうえで満たしたいと思う欲求の1つ）が満たされ、人生の充実感が増す。

を削り、推し活のためにお金を投じる人もいます。ホストクラブのイケメンのために高いシャンパンを入れたりするのも推し活の一種といえます。**多大な協力をして推しに認識されたり感謝されたりすると、自己効力感だけでなく自分の存在を周知したいという承認欲求も満たされ、その結果、さらに推し活意欲が増していく**のです。

応援者の獲得は事業でも重要です。例えば、新商品を開発した背景には、その商品によって社会をよくしたいという思いがあるかもしれません。企業の理念として地域や未来や業界に貢献したいという思いがあるかもしれません。それが消費者に伝わると、共感する人が現れ、応援者が増えます。成長を支えたいと思う人たちの推しによって商品が売れやすくなるのです。

コラム 2

税理士業界で勝ち残るためには

26歳から父の税理士事務所で働き、29歳で税理士になりました。

地域の税理士会にも所属し、多くの先輩税理士から「税理士とは…」という教えを受けました。先輩税理士は高学歴の人が多く、そのような税理士とたくさん交流をさせていただいて、そこで私が感じたのは「私が思い描いていた税理士像と違う！」でした。

私は税理士を中小企業経営のサポートやアドバイザーとして思い描いていたのですが、税理士はその名の通り税務の専門家であって、経営の専門家ではなかったのです。そして残念なことに、多くの税理士はお客様の会社の成長、発展に本気で貢献しようとは思っておらず、お客様から頼まれた記帳、申告業務をこなすだけの税理士が多かったのです。

私は税理士業界に少しがっかりし、これから自分が進むべき道を模索し始めました。高学歴で頭の賢い人たちが揃う税理士業界で、私みたいな学歴なしの人間がどうやって勝ち残っていけばいいのか？　まともに勝負したら勝てない。そこで私が考えたのは、他の税理士がやっていないポジションを見つけて、そこで勝負すること。

実はこの考えは小中学生のときにやっていたサッカーで身につけた考えです。私は小学生のころ、クラスで一番背が低く、足もそれほど早くない、キック力もない、身体的には何も強みのない選手でした。

それでも常に年上のチームでレギュラーを獲得し、主力として得点を決めていました。そのときに監督によく言われていたことが「菅原はポジショニングがいい」。実はポジショニングこそが私の強みでした。当時の小学生のサッカーはみんなでボールに寄っていきます。しかし、私はあえてボールに寄らずに離れた場所にポジションを取っていました。

そうすると団子になっている密集地帯から突然ボールが飛んでくるのです。そのボールが私のところへ飛んできたら、もう私の必勝パターーン。独走状態で相手陣地を攻めあがり、ゴールを決めていたのです。

つまり、相手のいないところにポジションを取ると、チャンスが来たときに競わずにゴールを決めることができます。

私が本当にやりたい仕事は、中小企業経営のコンサルティングでした。私は税務を得意とする経営コンサルタントになろう、税務が主ではなく経営コンサルタントを主にして中小企業をサポートしようと考えたのです。

このポジションは実は他の税理士がやっていそうで、やっている人はほとんどいませんでした。ここで勝負したらライバルがいない、かつお客様にも喜ばれるはずだと思い、税務だけでなく経営の勉強を必死にしました。

これが見事にハマり、毎日更新している経営をテーマにしたブログは税理士人気ブログランキングで1位になり、YouTubeチャンネルは開設から1年間で登録者数38万人にまで達しました。

その効果もあり、毎日問い合わせが殺到し、今では顧問契約希望者が数百人待ちの行列ができる税理士コンサルタント状態になっています。

第5章

コストから考える利益率アップの裏テク

事務所近くのカフェ
このナポリタンおいし〜！
赤ウインナーなのも推せる！
でしょ？
ここのランチ初めてきました！
でも、前はもっとメニュー少なかったような…
?
ほぼドリンクのイメージ…
— MENU —
・コーヒー (ICE/HOT)
・カフェオレ
・カプチーノ
・ミルクティー
・メロンソーダ
めちゃくちゃソースついてるよ
フードに力を入れだしたのは最近らしいからね
先生詳しいですね
へえー
まあね

ここのコーヒーのファンだからサブスクして毎日飲んでるんだ
coffee
えっ
コーヒー屋さんでサブスク…!?
ちょっと気になる!
喫茶店がフードを出すのもコーヒーのサブスク化もどちらも企業戦略だ!
どんっ
あっコーヒーおかわりくださ〜い♪
なるほど〜!
私もコーヒー好きだしサブスク登録してみようかな〜

5-1 GAFAはなぜサブスク収益を重視してきたのか？

▼どんな商品もサブスク化できる

売上を安定させたい場合、その手段となるのがサブスクリプションサービス（サブスク）です。サブスクは近年のビジネスの流行り言葉ですが、定額サービスという点で見れば以前からあります。

例えば、スポーツジムの会費も新聞購読もサブスクですし、私たちの業務である企業の税務支援やコンサルティングも月々定額の顧問料で支援するという点でサブスクといえます。

サブスクは、物流コストや在庫管理の手間などがかからず、配布や提供の負担が小さいデジタルコンテンツと相性が良いといえます。

しかし、私は「どんな商品もサブスク化できる」と思っています。実際、最近はあらゆるものがサブスク化されています。

定額でレストランを利用できるサブスクもありますし、ブランド品や高級車を借りられるサブスクもあります。私の知人は別荘のサブスクをしています。毎月の定額を払うことで国内各地にある別荘に泊まれるサービスです。

サブスクは、毎月の契約料金を中長期で積み上げていく事業モデルです。毎月の契約料金は安価に設定されていることが多く、それらが長期化することで収益の総額が積み上がっていきます。この総額のことを**LTV（Life Time Value・顧客生涯価値）**といいま

す。顧客と企業の取引を生涯の単位で見たときにどれくらいの利益をもたらすかを示すものです。

便利で魅力あるサービスなら長期で使い続けたいと思います。生活に密着したサービスも長く使いたいと思います。その需要をサブスク契約によって囲い込むことで、LTVが上がり、収益が増えます。

このような安定感ある事業モデルに変革するために、企業は自社の商品やサービスのサブスク化に取り組み、その結果として世の中ではサブスクが増えているのです。

▼収益が安定化する

もう一歩掘り下げると、サブスク化による事業モデルの変革は、フロー型の事業からス

トック型の事業に変えることといえます。

フロー型は、単発の利用や契約で収益を確保するものです。このモデルは、大口の契約が取れたときなどに収益が大幅に上がります。しかし、取れなかったときは収益が減ります。**タピオカ屋はこのタイプで、ブームに乗っているときとブームが過ぎた後で収益状況が激変します。**

一方の**ストック型は長期契約によって収益を獲得**します。フロー型のように収益が一時的に急増する可能性は見込めませんが、大きく減る可能性を小さくできます。数年かけて収益を獲得していけば、やがてサービス開発などにかかったコストを回収でき、損益分岐点を超えます。その先はひたすら利益が生まれます。

ネットフリックスなどはこの仕組みで成長し、Google、AmazonなどGAFAと呼ばれるアメリカの有力企業各社は、サブスクによる収益形成に力を入れてきました。

損益分岐点を超えた分(利益)を使って新しいコンテンツをつくり、サービスとしての魅力を高めることで、サブスクの解約率を抑え、新たなサブスク契約者を獲得しています。

サービスの魅力が高まれば、AmazonプライムやKindleアンリミテッドのような料金が高いプレミアサービスをつくり、顧客単価を上げてさらに収益を伸ばすこともできます(アップセルといいます)。

▼経営の不安も解消できる

収益が安定すると、未来の収益の見通しが立てやすくなり、投資もしやすくなります。

商品やサービスの循環で収益を生む

買い切り型	サブスクリプション型
購入の度に支払いを行う	継続的に利用料を支払う

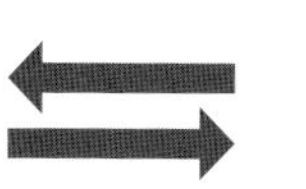

金融機関の評価も高くなり、投資の原資となる資金調達もしやすくなります。これはサステナブルな経営の実現に結びつきます。

精神的な不安も軽くなるでしょう。フロー型の場合、今期の収益が10億円あっても来期はどうなるか分かりません。常に収益を気にしなければならないのです。

その点、ストック型の収益は金額の変動幅が小さいため、余計な心配をすることなく、既存の商品の改善や新商品開発に取り組めます。

このようなメリットも含めて、サブスクは事業者にとってはうまみが多く、単発で売っている商品のサブスク化を考える価値はあるといえます。

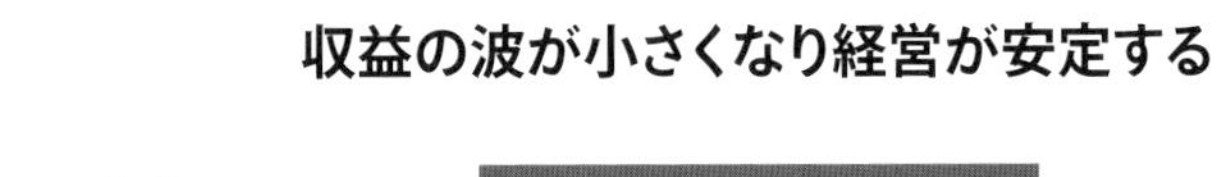

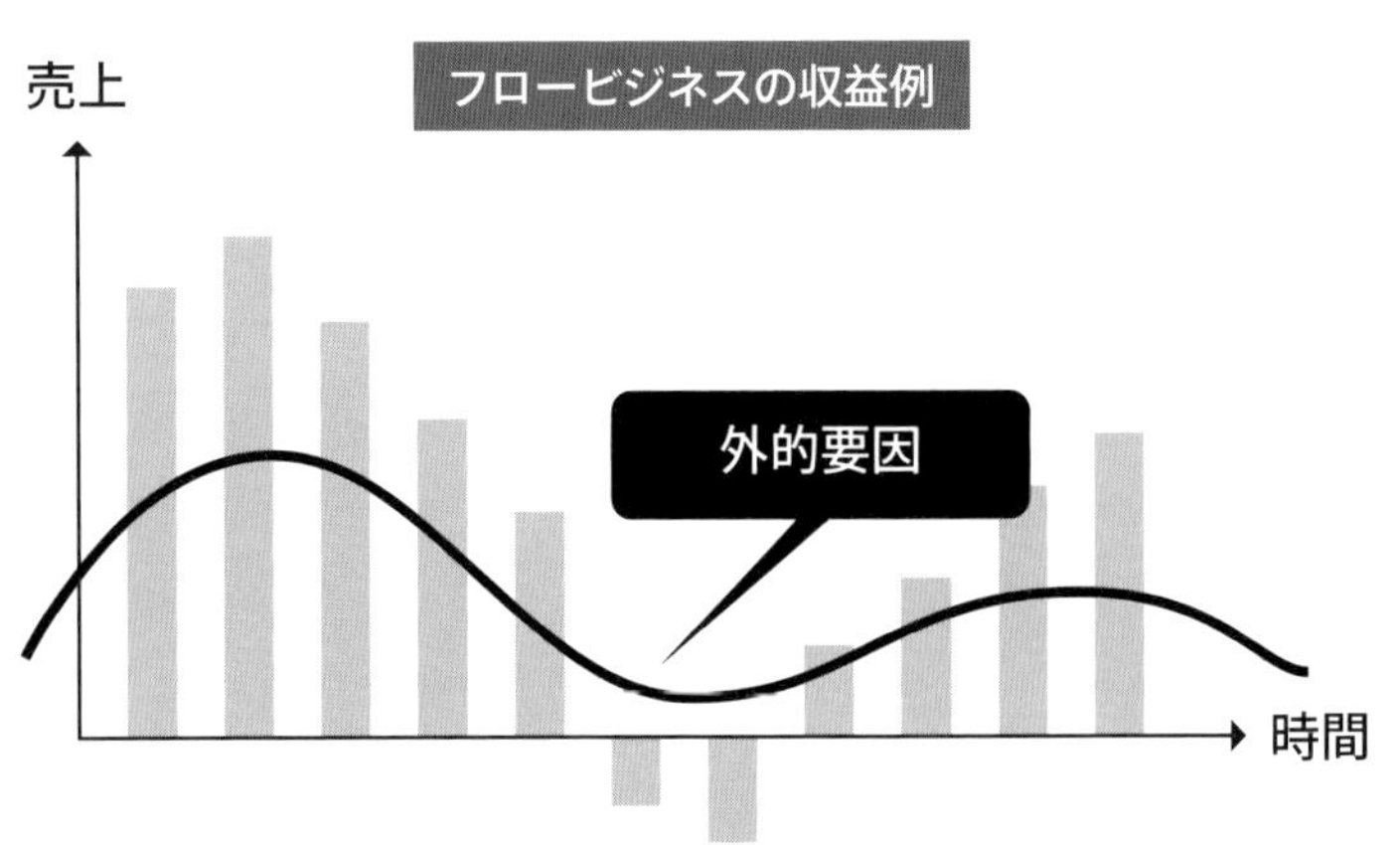

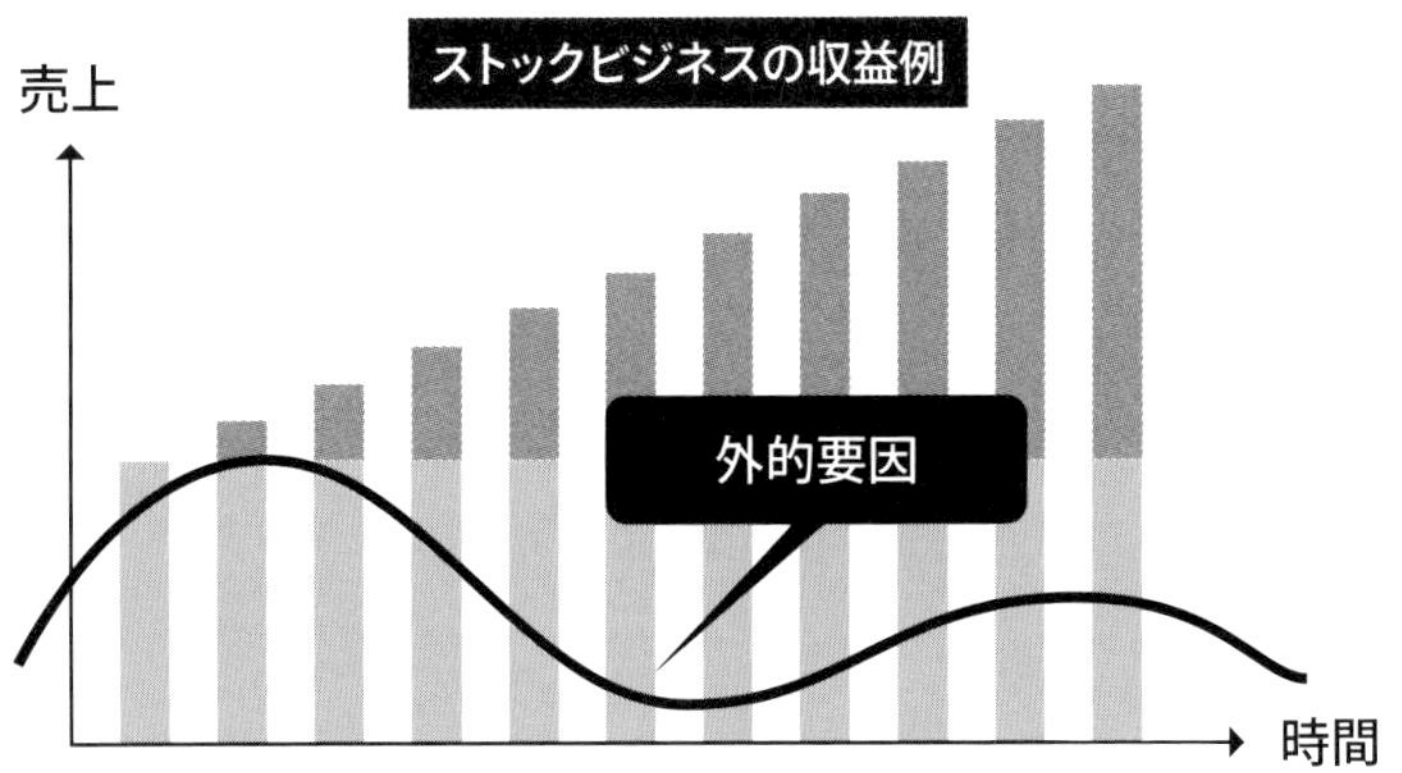

サブスクはストック型事業の一例。顧客と収益が時間とともに蓄積（ストック）されるため、景気の影響などを受けにくい。

5-2 餃子の無人販売はなぜ儲かるのか？

▼人手不足の解決策になる

無人化を推進する企業や店舗が増えました。スーパーやガソリンスタンドのセルフサービスがその一例で、餃子や肉やサラダなどを完全無人で販売する店舗もあります。

無人化は、2つの点で儲かる要素を持っています。1つは人件費を削減できることです。人件費は従業員に支払う給料のみならず、社会保険料や福利厚生、採用と教育のコストも生みます。これらを抑えることで企業の手元に残る利益を増やすことができます。

無人化が儲かる**2つ目の理由は、24時間営業がしやすいからです。**ファーストフード店などでは、夜間の働き手が見つからずに店を閉めざるを得なくなるケースがあります。働き手が見つかったとしても、夜間の人件費は高くなるためその分だけ儲かりにくくなります。無人店舗はそのような心配がいらず、昼夜問わず収益が得られます。

見方を変えると、無人化は人手不足の解決策にもなります。人口減少によって人材確保が難しくなっていく日本だからこそ、無人化を急ぐことがサステナブルな経営につながります。

▼治安の良さを活かす

少し広い視野で見ると、無人化は治安が良い日本だからこそ実現できるオペレーション

人件費を抑えることで利益が増える

通常の店舗運営にかかるランニングコスト

- ☑ 水道光熱費
- ☑ 人件費
- ☑ 消耗品費
- ☑ 通信費
- ☑ 地代家賃　etc...

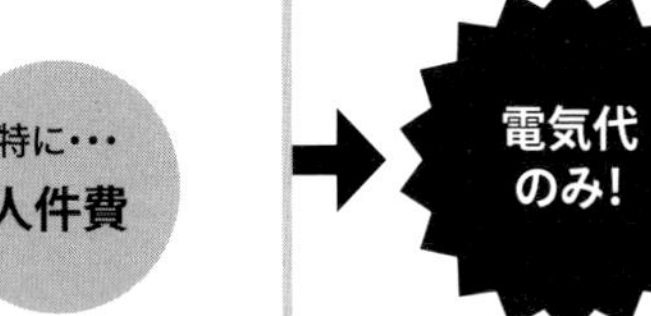

無人販売は、対面販売の長所は無くなるが、人件費削減の効果が大きい。人手不足の対策や採用や教育のコスト削減にも有効。

といえます。日本を訪れた外国人は、道端にある自販機を見て治安の良さに驚くといいます。自販機も無人店舗も無人という点では同じですので、日本は無人化に適した環境であり、企業にとっては地の利でもあります。

万引きや窃盗などを防ぐ対策も必要です。ただ、**無人化の命題は、防犯のためなどにかかるコストを人件費よりも安く抑えること**です。在庫管理やレジ業務なども同じで、人件費と機械化のコスト比較がポイントです。

人手不足が進む日本は、今後も人件費は上がる可能性が高いといえます。一方、デジタル技術については、防犯カメラなどの設備も、ＡＩを使う画像分析のようなソフトも低価格化しています。このような環境を踏まえると、**無人化による事業モデルの変革は未来の経営を安定させるための有効な手段といえます。**

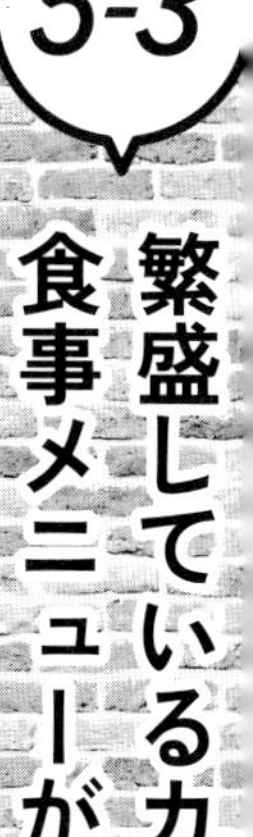

繁盛しているカフェはなぜ食事メニューが充実しているのか？

▼衰退市場を生き残る

客単価を増やしたい。そのための施策は、喫茶店のカフェ化が参考になります。

喫茶店は、日々の「ちょっと」需要を獲得する事業モデルです。「ちょっと」は、例えば、ちょっとした空き時間、ちょっと休憩、ちょっと会話するといったことです。

一方で、喫茶店を取り巻く環境は厳しくなっています。コーヒーは喫茶店の武器ですが、美味しいコーヒーはコンビニ各社で買えます。イートインコーナーがあるコンビニでもちょっと休憩は十分に対応できます。

調査（東京商工リサーチ）を見ると喫茶店は減り続け、2021年には休業や倒産が過去最多となりました。現存する喫茶店の数も、1981年には15万点以上ありましたが、現在は半減しています（全日本コーヒー協会調べ）。

そこで**重要なのが生き残りをかけた差別化**です。

例えば、一般的な喫茶店よりおしゃれにする、席を広くする、アルコール類を提供するといった方法は差別化につながります。つまりカフェ化です。

喫茶店を訪れる人の中には「ちょっと飲みたい」と考えている人もいます（これも「ちょっと」需要です）。ビールやワインを置くことで集客の幅が広がり、客単価も増えやすくなります。

▼多様なニーズに応える

カフェは、喫茶店と比べてフードメニューが充実している点も特徴です。フードを提供すると、食事をする時間の分だけ利用者の滞在時間が延び、回転率が下がります。

また、喫茶店の強みはオペレーションがシンプルであることで、コーヒーなど飲料の提供にはほとんど手間がかかりません。しかし、フードを扱うことによってその強みが損なわれ、手間と人件費が増える可能性があります。

一方で、このようなデメリットを打ち消すだけのメリットもあります。ニーズの獲得の面では、**フードメニューがあることで、朝食、昼食、夕食、間食など、一日のさまざまな時間帯に応じたニーズに応えることができ、より多くの利用者を呼び込むことができます。**

客単価という点では、500円のコーヒーを飲む利用者が、1500円のランチを食べる利用者になります。朝食、ランチ、軽食、デザートのほか、お酒を提供できる店ならおつまみメニューもつくることができます。コロナ禍以降はテイクアウト需要も増えていますので、そのニーズに対応することによって中食以外の新たな収益源を生むこともできます。

広告効果も期待できます。コーヒー1杯の写真ではSNS映えしませんが、人気メニューや名物メニューがあればその写真がSNSで拡散されやすくなり、集客につながります。

▼差別化の施策は常に必要

喫茶店のカフェ化は衰退市場やレッドオーシャンを生き残るための手段です。ただ、街

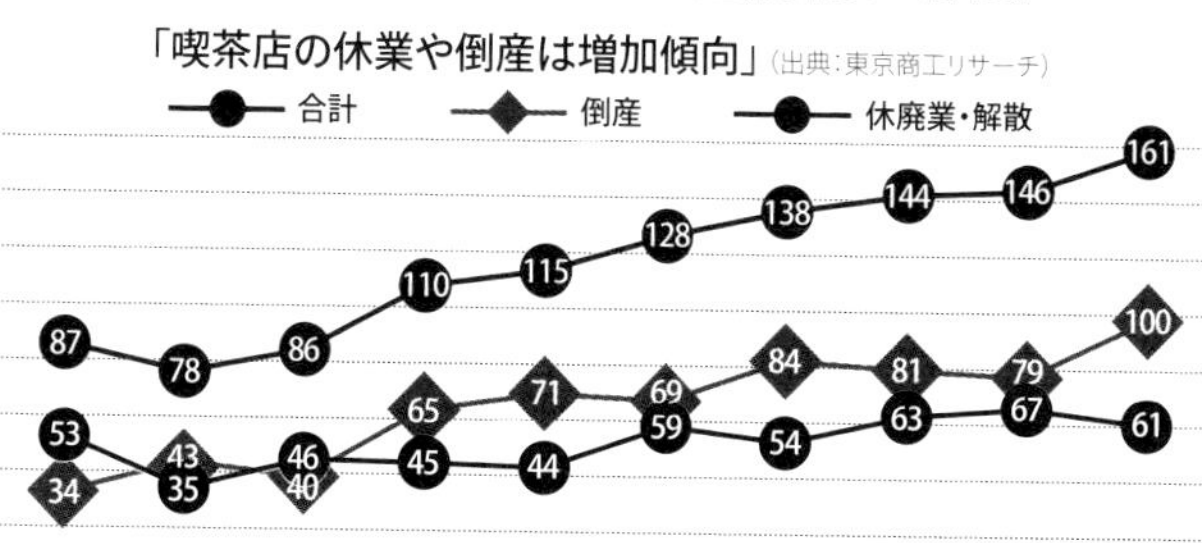

喫茶店(純喫茶)は競合が多く生き残りが難しい。収益を伸ばしていくためには、競合にない価値をつくる、客単価を増やす、囲い込み対策を強化するなどの工夫が必要。

中にカフェが増えれば、カフェ同士の競争が激しくなります。その中で生き残っていくためには、さらなる差別化が必要です。

秋葉原のメイドカフェはその一例といえます。飲食ニーズを満たすだけでなく、メイドに扮した店員によるサービスをウリにすることが差別化になり、いまでは秋葉原の名物の1つになっています。

スターバックスも、喫茶店ではタバコが吸えるのが当たり前だと思われていた時代に禁煙を差別化要素として打ち出し、その後の禁煙の時流にも乗って業界トップクラスのブランドになりました。

これら成功例からも分かるように、**市場を生き抜くための差別化と収益アップの施策は常に必要であり、差別化によって店の価値をアップデートし続けることが大事**なのです。

コーヒーを飲む場所は多様化

カフェ・喫茶店のポジショニングマップ

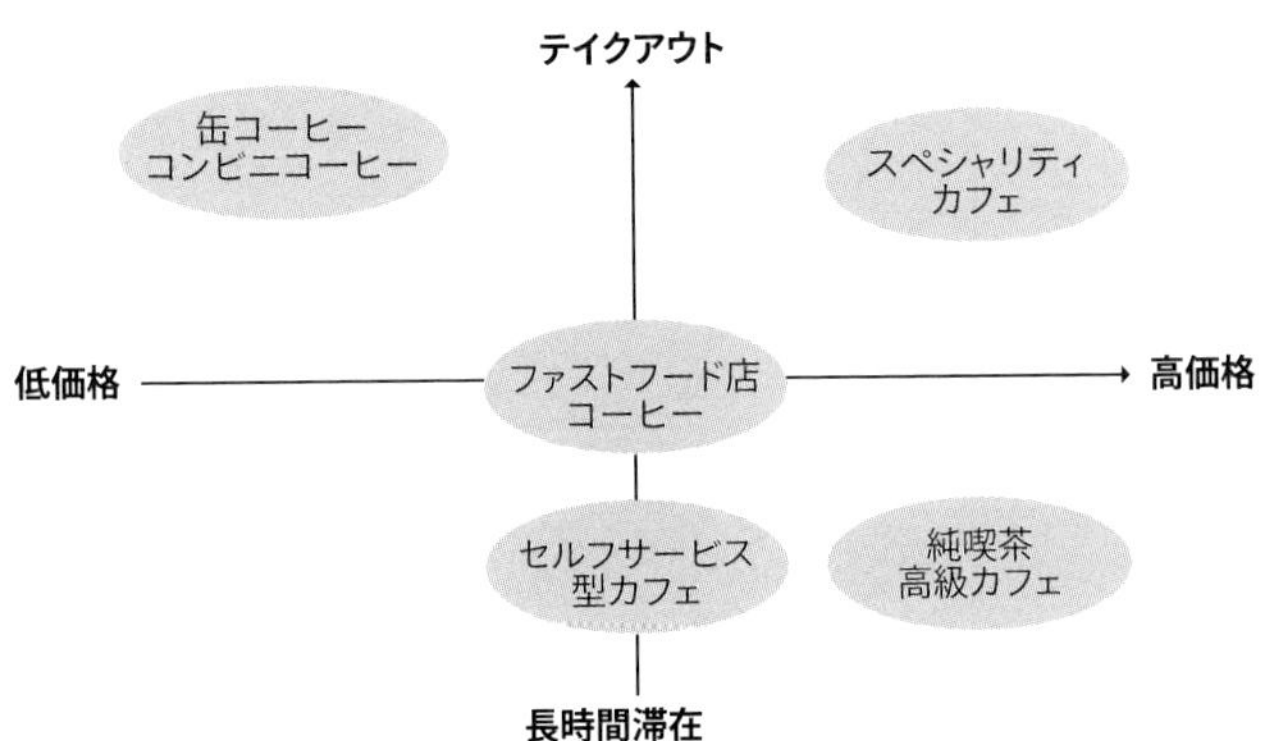

カフェ業界 売上トップ5（2022-2023年）

順位	企業名	2022年売上高（億円）
1	スターバックスコーヒージャパン	2539
2	ドトール・日レスHD	754
3	コメダHD	378
4	伊藤園	354
5	サンマルクHD	244

喫茶店以外にもコーヒーを飲める場所は多く、売上を見ると全国チェーンのカフェ系が好調。最近ではコンビニコーヒーも人気があり、店舗型事業はテイクアウトでは得られない価値を提供することが求められる。

5-4 小さい企業ほどなぜスポーツ選手のスポンサーになるべきか？

▼押し売り感のない広告

広告以外の方法でファンを増やす方法はないでしょうか。**単なるファンではなく、熱狂的なファンを増やしたい。そう考える場合には、スポーツチームやスポーツ選手などのスポンサーになる方法を検討してみると良い**かもしれません。

例えば、エナジードリンクのレッドブルは、テレビＣＭなどを出す一方で、スポーツイベントのスポンサーもしています。スポーツ選手の所属企業となったり、実業団チームを持ったりする企業もあり、東京五輪でメダリストとなった柔道の阿部一二三選手などは駐車場運営のパーク24の所属、永瀬貴規選手などは旭化成の所属です。

スポンサーも広告手段の1つで、スポーツチームのファンとのタッチポイントを通じて企業や商品を周知できます。また、チームのユニフォーム、ウェブサイト、試合会場などにロゴを出すことで企業や商品の知名度を高めることができます。

広告手段としては、直接的に商品などを売り込むテレビＣＭや新聞広告などよりも訴求力が弱いといえますが、そこが良いところでもあります。

街中でもテレビでもＳＮＳでも多くの広告を目にする情報過多の現代では、「押し売り感」のある広告を嫌う人がいます。調査（ネオマーケティング調べ）でも、ＹｏｕＴｕｂｅなど

の動画で流れるCMをスキップする人は95%に及びます。その点、**スポーツチームなどのスポンサーは広告感が薄く、消費者に嫌がられることなく商品や企業を知ってもらいやすくなります。**

▼ファンと濃い関係性がつくれる

もう一歩踏み込むと、広告手段を変えることで消費者との関係性も変わります。

テレビCMなどは、企業が売り手で消費者が買い手という関係性です。広告を通じたコミュニケーションも企業側からの一方通行です。

一方、スポーツチームなどのスポンサーは、消費者と企業が同じ立場でチームや選手を応援する関係性です。立場や視点が同じであるため、消費者の中では、一緒のチームを応援する仲間意識が芽生えやすくなります。企業を仲間と認識することで、チームや選手のみならずその企業も応援しようと考える人も増えやすくなります。応援者となった消費者は、個人として企業に興味を持つだけでなく、知人などに推奨したり、SNSで魅力を発信したりしてくれるかもしれません。

このように**自発的に企業を応援する人をアンバサダーといいます。**また、アンバサダーを増やし、彼らの積極的な情報発信をうながす手法を**アンバサダーマーケティング**といいます。

▼成長を手伝ってくれる味方

アンバサダーは「大使」の意味を持つ言葉で、

自治体などでは、その地域出身の芸能人などを親善大使として地域の魅力を発信しています。

これもアンバサダーマーケティングの1つですが、芸能人など知名度や影響力がある人を起用することが必須ではありません。**重要なのは企業（自治体の場合は地域）への愛や忠誠心で、それが自主的な情報発信の源泉**ですので、その点さえ満たしていれば誰でもアンバサダーになれますし、芸能人をアンバサダーとするよりも多くの人に情報発信することもできます。

また、アンバサダーは商品や企業の成長について真剣に考えてくれます。そのための意見や提案も自主的にしてくれます。消費者の声を聞くマーケティングは市場調査やアンケート調査などがありますが、無作為に選ん

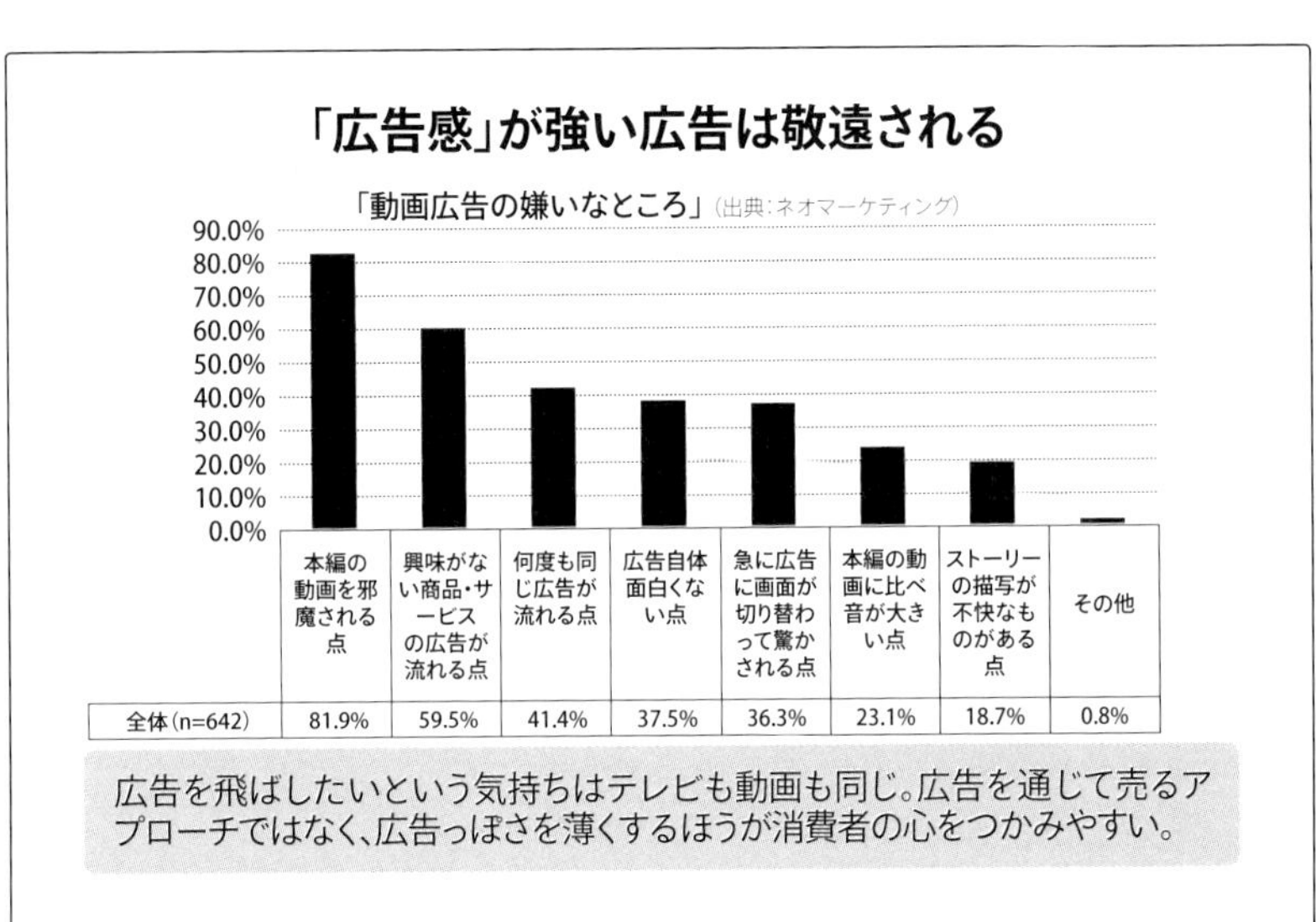

	本編の動画を邪魔される点	興味がない商品・サービスの広告が流れる点	何度も同じ広告が流れる点	広告自体面白くない点	急に広告に画面が切り替わって驚かされる点	本編の動画に比べ音が大きい点	ストーリーの描写が不快なものがある点	その他
全体（n=642）	81.9%	59.5%	41.4%	37.5%	36.3%	23.1%	18.7%	0.8%

広告を飛ばしたいという気持ちはテレビも動画も同じ。広告を通じて売るアプローチではなく、広告っぽさを薄くするほうが消費者の心をつかみやすい。

だ人よりもアンバサダーのほうが親身になって改善案を考えてくれるはずです。彼らの声を聞くことで、アンバサダーとの関係性がさらに強固になります。また、広告費を抑えることにもつながります。

新商品などを周知する方法としてCMは引き続き有効な手段ですが、日々大量の商品が発売される現在の市場では消費者が飽きるスピードが早くなっています。そういう市場だからこそ、収益を安定させ、伸ばしていくために熱心なファンのリピートが重要です。

スポーツなどを通じて同じ目線を共有し、**企業の成長に協力してくれる人を増やしていくことが事業変革のポイント**になるのです。

アンバサダーマーケティングで ファンの応援を獲得する

紹介におけるアンバサダーとは?

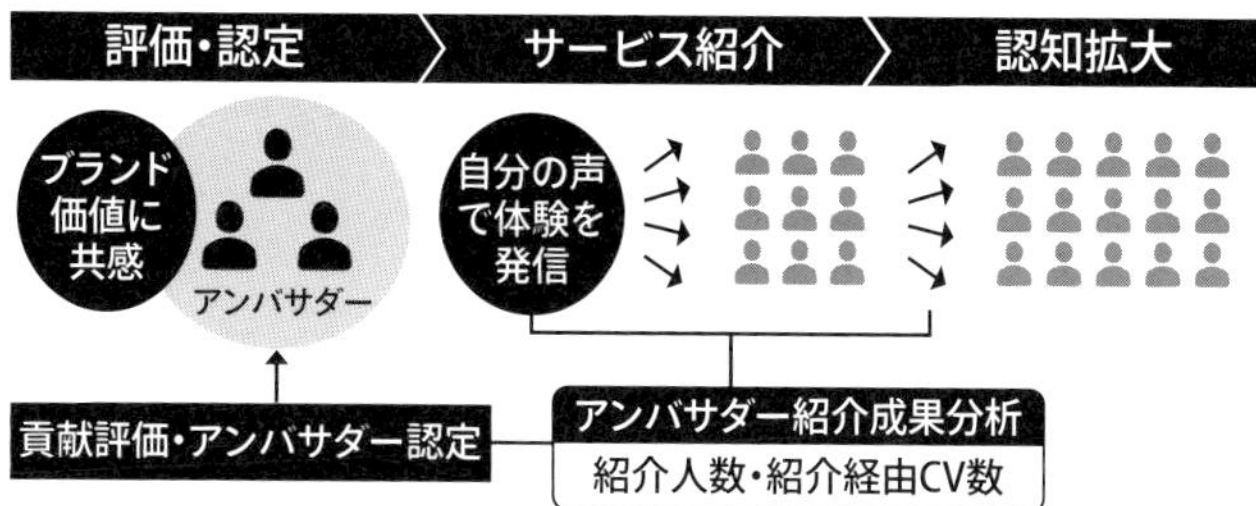

企業メッセージのリーチから購買へ　信頼のおけるクチコミから購買へ

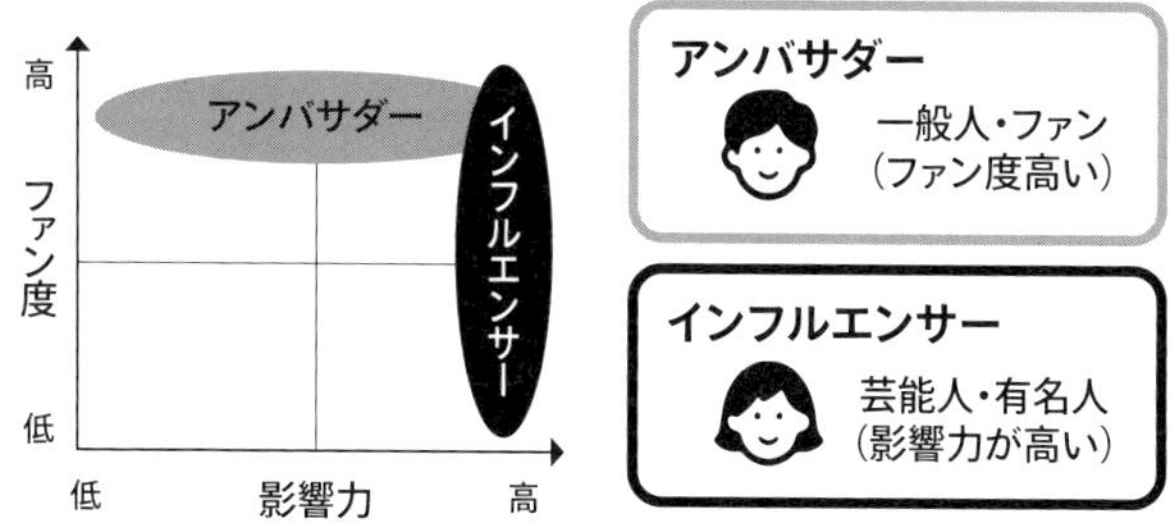

アンバサダーは企業や商品の熱心なファンであるため、自ら宣伝して企業の成長や収益アップに貢献してくれる。アンバサダー個人のネットワークから口コミなどが生まれるため、幅広い層にリーチできるのが特徴。

人手不足はどうすれば解消できるのか？

▼人材確保の発想を変える

人口減少が続く限り、人手不足の問題も続きます。この時代を生き残るには、商品やサービスの質だけでなく、採用や教育の仕組みを強化し、働き手が集まる企業に変わっていかなければなりません。

それが難しいようであれば、あえて視点を変えて、人（正社員）を雇わない方法を考えてみることもできます。具体的には、**業務ごとに必要な人を外部から集めたり、業務委託の仕組みを使ったりするなどして最小限の人で経営が成り立つように組織のあり方を変革する**ということです。

社会の変化を見ると、すでに転職は珍しくなくなりました。働き方改革の推進によって、時短やリモートといった多様な働き方を選択する人も増えています。

これは短期的な戦力として人を探している企業にとって有利な状況です。正社員での雇用や、9時5時勤務、月金で出社といった働き方にこだわらなければ、自分のライフスタイルに合う働き方をしたい人をさまざまな雇用形態で雇うことができ、戦力を確保できるからです。

▼人ではなくスキルを採用

少し視野を広げると、日本の雇用は、社員に複数の業務を経験させながら、多能な人を

内製していくメンバーシップ型が根強いのが特徴です。

一方、米国ではジョブ型雇用が定着しています。これは企業が求める専門的なスキルを持った人を、そのスキルを活かす職務に限定して雇用する方法です。

ITシステムをつくるならITに長けた人、事務職が足りなければ事務職に限定して人を雇うことで事業の運営に必要な人材を確保します。

人材確保が難しい中小企業は、人の数ではなくスキルの調達に重点を置くジョブ型に変えることで、人の問題を解消しやすくなり、固定費である人件費も抑えやすくなります。

また、「餅は餅屋」の観点でスキルを外に求めれば、自社で教育するよりも優秀な人材を確保しやすくなり、各業務の水準も高くなり

働く人ではなく職務を起点に考える

ジョブ型雇用

職務に労働者を割り当てている

職務があって、そこに労働者を配置する

メンバーシップ型雇用

労働者に職務を割り当てている

労働者がいて、職務を割り振る

ジョブ型雇用		メンバーシップ型雇用
明確に限定	職務	ローテーション
職務によって決まる	賃金	能力や年功型賃金
明確に限定	勤務地	ローテーション

人口減少による人手不足に対応するためには、人を採用することよりも業務に不可欠な仕事を社内外の人を使って遂行する方法を考える必要がある。ジョブ型はその方法の1つで、契約社員、フリーランス、時短勤務といった多様な働き方をする人を活用できる。

ます。

　雇用は企業の重要な役割ですが、正社員で雇うことが唯一の方法ではありません。自分らしく働きたい人を雇うことも地域や社会の貢献であり、その視点を持つことが、少ない社員と多様な専門家の組み合わせによって効率的に事業をする組織へと変革する機会にもなるのです。

5-6 街に増えた脱毛店はなぜキャッシュに困らない安定経営なのか？

▼収益を見通しやすい

事業は投資によって成長します。店舗展開する事業なら店舗数を増やすための投資をスピード感をもって行うことで、事業の成長スピードも速くなります。

そのためには**投資の原資であるお金を確保しやすい収益モデルに変革することが大事**です。近年街中に増えている脱毛店は、投資資金を確保しやすい収益モデルです。

脱毛店が特徴的なのは、複数回にわたる施術料金が前払い（事業者目線でいうと前受け）であることです。

日常生活では、美容院代やレストランでの食事代などのようにサービスを受けた後に代金を払う後払いが多くあります。家などのように金額が大きなものも完工してから支払いますし、ＢｔｏＢ取引は昔からの商習慣である手形や売掛が多いため、後払いの傾向がさらに強くなります。

一方、脱毛サービスは前払いです。前払いは後払いと比べて収益の見通しが早く把握できるため、次の出店計画も立てやすくなります。**手元に現金が入るタイミングも早いため、投資の実行も早くできます。**

この特徴を活かすことにより、競合よりも早く利用者を獲得できます。とくに脱毛サービスのような拡大期の市場では、早く計画し、早く投資を実行することが市場シェアの先取りと囲い込みにつながります。

▼入りは早く、出は遅く

私の専門分野の1つである資金調達の観点からいうと、**出入金の管理で重要なのは「入りを早く、出を遅く」することにより、手元の資金を最大化すること**です。

「入り」は入金のことで、前払いはその一例です。後払いの場合も、2か月後の入金を1か月後に早めるなどして「入り」を早くすることができます。

逆に、「出」である支払いは遅いほうが手元に現金が残ります。

事業を成長させていくためには、例えば、空き店舗が出たときにすぐに手付金を払ったり、新しい設備を導入したりすることが重要です。

そのためには「入り・出」の管理が重要なのです。また、手元の資金があれば、仕入れや支払いができなくなったり、その結果として事業ができなくなったりする黒字倒産のリスクも抑えることができます。

事業のサステナビリティの点でも「入り・出」の管理は重要で、「入り」については前払いが理想的なのです。

資金繰りの仕組みが事業の継続性を高める

「資産超過型」「黒字」休廃業の各割合

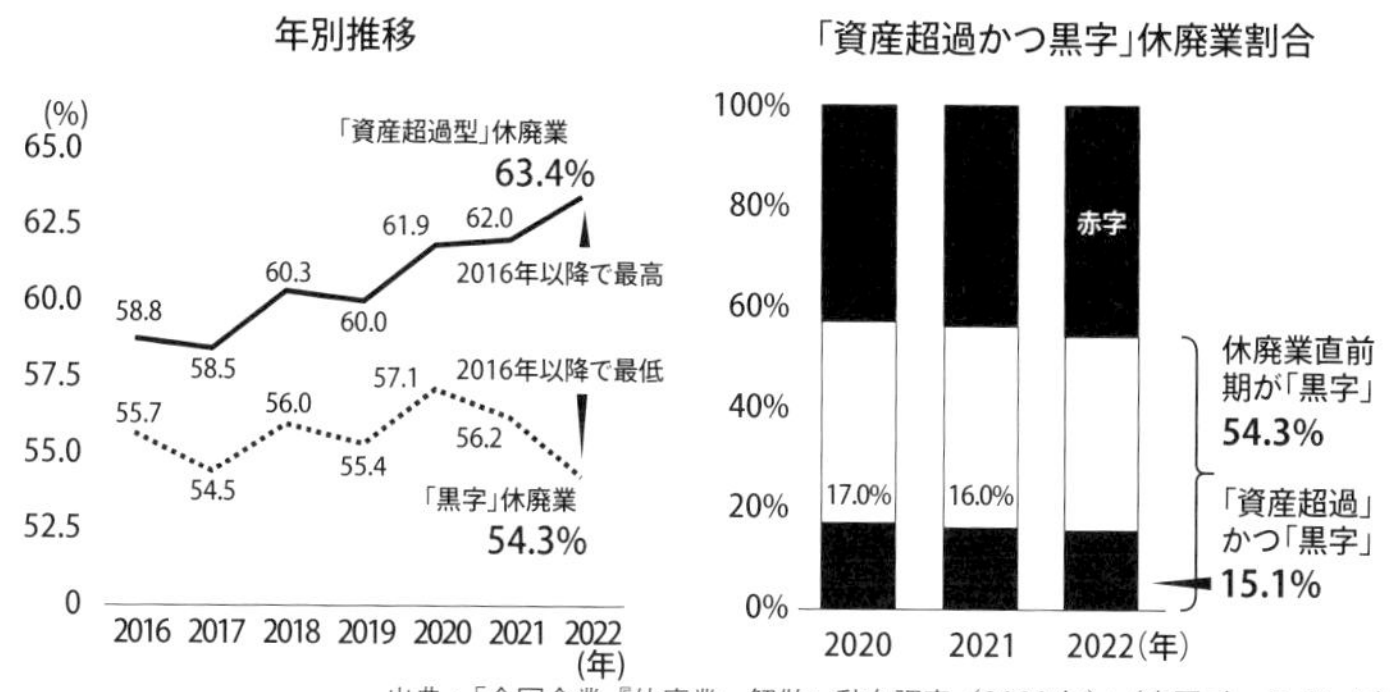

出典：「全国企業『休廃業・解散』動向調査（2022 年）」（帝国データバンク）

倒産までの流れ

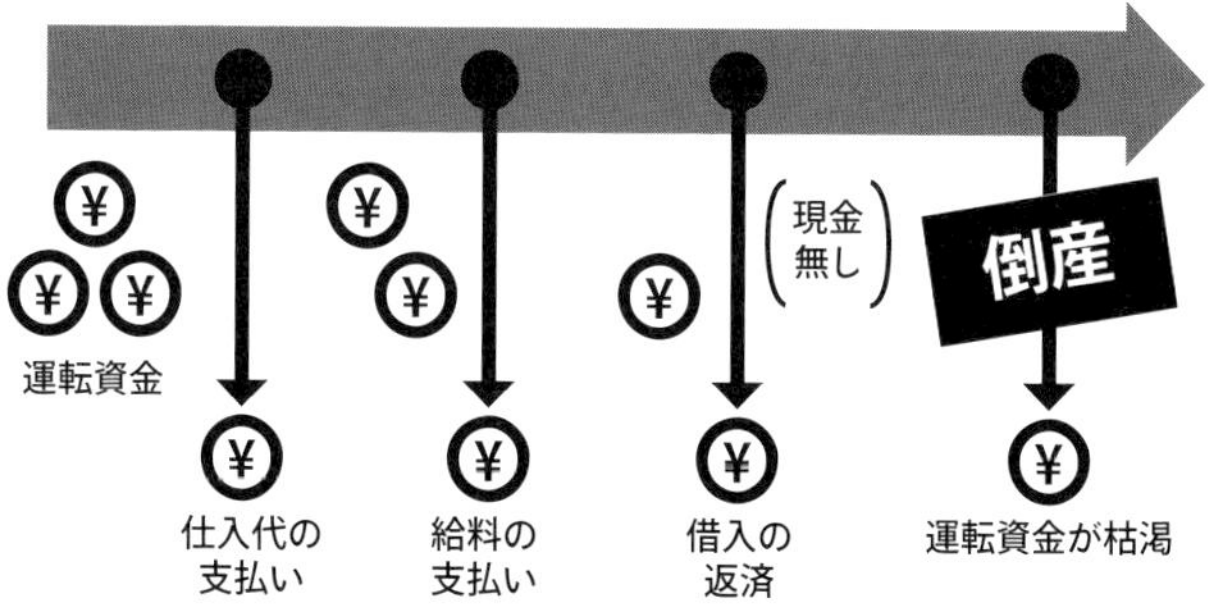

利益があっても事業継続のための運転資金がなくなると企業は倒産する可能性がある。運転資金や投資資金を回収しやすい事業モデルに変革することが大事。

5-7 コロッケ1個80円のお肉屋さんはどうやって儲けているのか？

しかし、立地条件が悪い中でも日々元気に営業しています。社長が豪邸に住んでいたり、外車に乗っていたりするくらい儲かっていることもあります。

その理由は、**ご近所だけを相手にした商売ではないから**です。消費者から見ると、精肉店などは一般消費者を対象とする事業（Ｂ ｔ ｏ Ｃ事業）に見えますが、儲かっている店は事業者向けの販路（Ｂ ｔ ｏ Ｂ事業）も持っています。

精肉店であれば焼肉店向けに肉を卸すなどして、小売とは別の収入源を持っていることが多いのです。また、駅や繁華街から離れているなど、立地が悪い分、賃料などを安く抑えることができます。

▼事業者向けの販路を持つ

新しい事業を考えたいけど商圏が小さい。たくさんつくっても売上が伸びそうもない……。

そのような悩みを解決する方法の１つは、売り先を変えることです。

住宅街を歩いていると「どうやって生計を立てているのだろう」と心配になる小売店があります。例えば、１個80円のコロッケを売っている精肉店や、１枚50円の煎餅を売っている製菓店などです。

このタイプの店は、決して繁盛しているようには見えず、住宅街にありますので商圏のニーズも知れています。

企業相手の事業は圧倒的に規模が大きい

「B to C、B to B市場の規模(EC市場)」(出典:経済産業省「令和4年度 電子取引に関する市場調査報告書」)

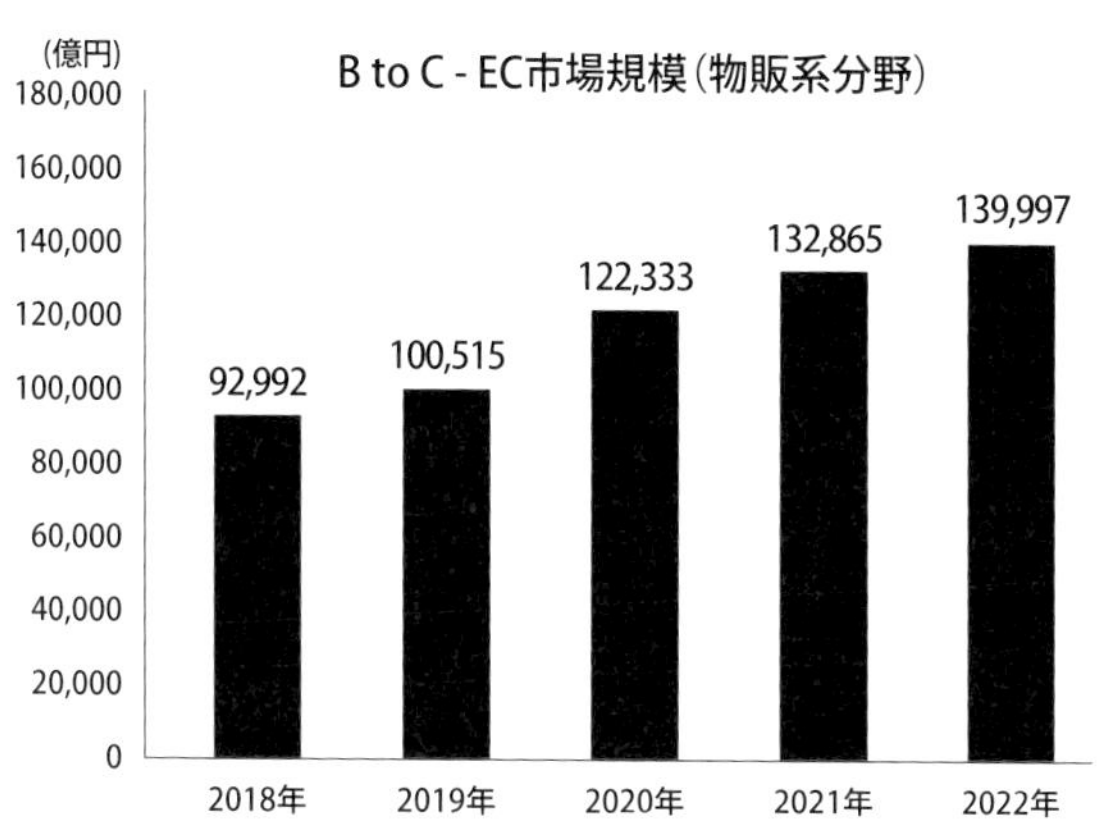

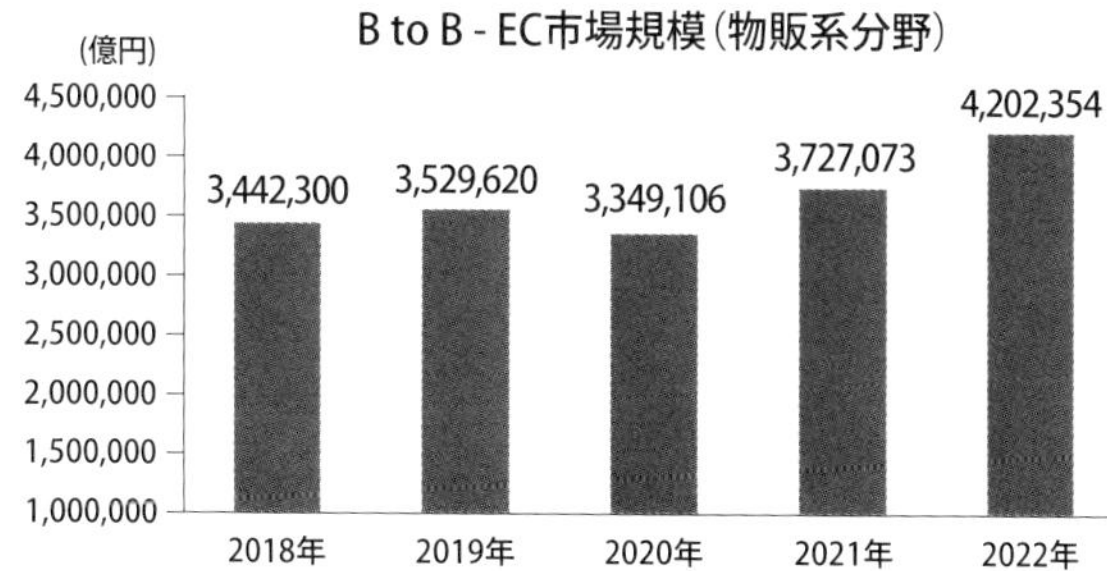

小売業や飲食業など消費者と直接向き合う事業(B to C事業)は身近だが、市場規模で見ると企業相手の事業(B to B事業)のほうが大きく、事業化の機会も多い。

▼商圏外の販路をつくる

地方の事業者も同じです。地方は土地が広いため、農作物を大量につくれますし、加工品などをつくる大きな工場もつくれます。ただ、大量につくっても地域の商圏だけでは売り切れません。

そこで重要なのが、ＢｔｏＢ向けの事業モデルを考えてみることです。例えば、都市部の店舗などを販路にできれば、生産地域の商圏にとらわれることなく収入を伸ばすことができます。

生キャラメルで有名な北海道の花畑牧場はその一例です。花畑牧場は北海道に４つの工場がありますが、それら全てで生キャラメルをつくっているわけではありません。

コンビニスイーツ、業務用のチーズ、豚肉の加工品などをつくり、これらＢｔｏＢ事業の収益を合わせて成長しているわけです。

新規事業を考え始めると、ついＢｔｏＣ事業を考えがちです。昨今はネットショップが普及したことでＢｔｏＣが伸びていますが、それでも14兆円ほどの市場で、一方のＢｔｏＢ市場は４２０兆円超です。

このことからも、**ＢｔｏＢ事業のほうが事業化の機会が多く、事業を成長させていける可能性もはるかに大きい**といえるのです。

第6章

なぜあの店があそこに？商売と立地の秘密

この後の会議
何時からだっけ？
えーと
15時です！
テナント
募集
そういえば
ここ何ができるん
ですかね～？
●●マートが
来月オープン
するらしいよ
コンビニ
からあげフェア
えっ
でも
そのコンビニ
すぐ近くにも
ありますよね？
ここから
1分位の
トコに!!
これも
企業戦略の
ひとつなんだ！
ほう…？

あれ？
先生はどうしてそれを知ってるんですか？
僕の知り合いがフランチャイズのオーナーになるからね
え…
そうなんですか？
ああ！
ひとりの経営者としてぜひ頑張ってもらいたいなぁ
さっ事務所戻ろう！
……
テナント募集
経営者かぁ…
どき…

6-1

コンビニの向かいになぜ同じコンビニがあるのか？

▼数で市場を支配する

新規事業を考える際に重要なのは、どんな市場で、どれくらいの収益を得られるかです。競合の多い市場はレッドオーシャンであり、シェアの奪い合いや価格競争が起きます。かといって競合が少ない市場は需要も小さい可能性が高く、事業として成立するかどうか不安です。

その点で参考になるのがコンビニの出店戦略です。街を歩いていると、同じチェーンのコンビニが目と鼻の先に建っているのを見かけます。これは**ドミナント戦略**とよばれるものです。ドミナントは「支配的」や「優勢」という意味の言葉で、商圏内にチェーン店を増やすことにより、他のチェーンが出店しづらい支配的な状況をつくることができます。

具体的な効果としては、まず商圏内に自社チェーン店を増やすことで、自社チェーン店を利用する人を増やし、認知度も高められます。コンビニは最近、プライベートブランドをつくって差別化を図っています。ナショナルブランドの飲み物やお菓子などはどのチェーンで買っても大きな差はなく、そのような需要を取り込むために、商圏内にチェーン店舗が多い方が有利なのです。

また、**同チェーンが近くにあることで商品の搬入が物理的に効率化できます。人手が足りないときに店舗間での人の調達もしやすくなります。**

ドミナント戦略で地域のニーズを囲い込む

ドミナント戦略のメリット

特定の地域でのシェアの獲得

この地域で～といえばA店

A店

特定地域での認知度が高くなるため自然にシェアを獲得できる

配送効率の向上

特定地域に密集しているため配送効率が上がる

ドミナント戦略を採用している企業は？

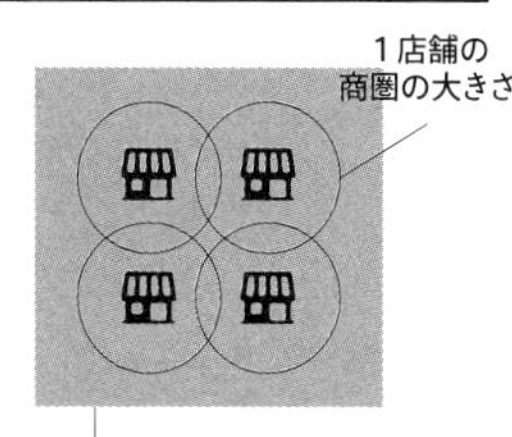

特定の地域に集中して出店することで、地域内での認知度を高めることができ、業務では配送などの各種オペレーションを効率化できる。競合の進出を防ぐ効果もある。

▼商圏の境界線を見つける

個別店舗の収益で考えると、同チェーンとはいえ、目と鼻の先にコンビニができるのは不利といえます。商圏内のコンビニ利用者は一定ですから、限られたシェアを奪い合うことになります。

じつはここにポイントがあります。コンビニ同士が物理的に近い場所にあっても、商圏が同じとは限りません。例えば、国道には上りと下りがあり、これらの商圏は別です。わざわざ車をUターンして反対車線のコンビニに行こうと考える人は少ないからです。

新規出店を考える際に重要なのは、競合店との物理的な距離よりも、商圏の境界線を見ることなのです。

カツカツの零細企業でもなぜ家賃が高い場所に本社を構えるのか？

▼本社の住所が信用を生む

事業を成功させるためには、取引先、顧客、仕入れ先、金融機関などからの信用を獲得することが大事です。信用は実績の積み重ねですから一朝一夕では築けません。

しかし、ある方法によって短期間で信用を築くこともできます。それは、**立地の良い場所に本社や拠点を構えること**です。

それを実践しているのが大手企業です。大手企業の本社は都市部に集中しています。また、ほとんどの企業がターミナル駅に近いアクセスが良い場所にオフィスを構えています。

利便性と家賃は比例するためコスト（固定費）は増えます。しかし、その見返りの1つとして信用を獲得しているのです。

高い家賃を払っているという事実は、収益が安定していることを間接的に示し、取引先にとっての安心材料になります。就職や転職を考えている人にとっても、都心部に本社がある会社は印象が良く、入社したいという気持ちが高まります。

▼人と情報と機会が溢れている

信用獲得以外の実質的なメリットとしては、複数の電車が乗り入れている駅や、駅から近いオフィスは通いやすく、**働く条件が良いほど応募者が増え、優秀な人を採用しやすくなります。**

立地条件が良いほど人が集まり情報も集まる

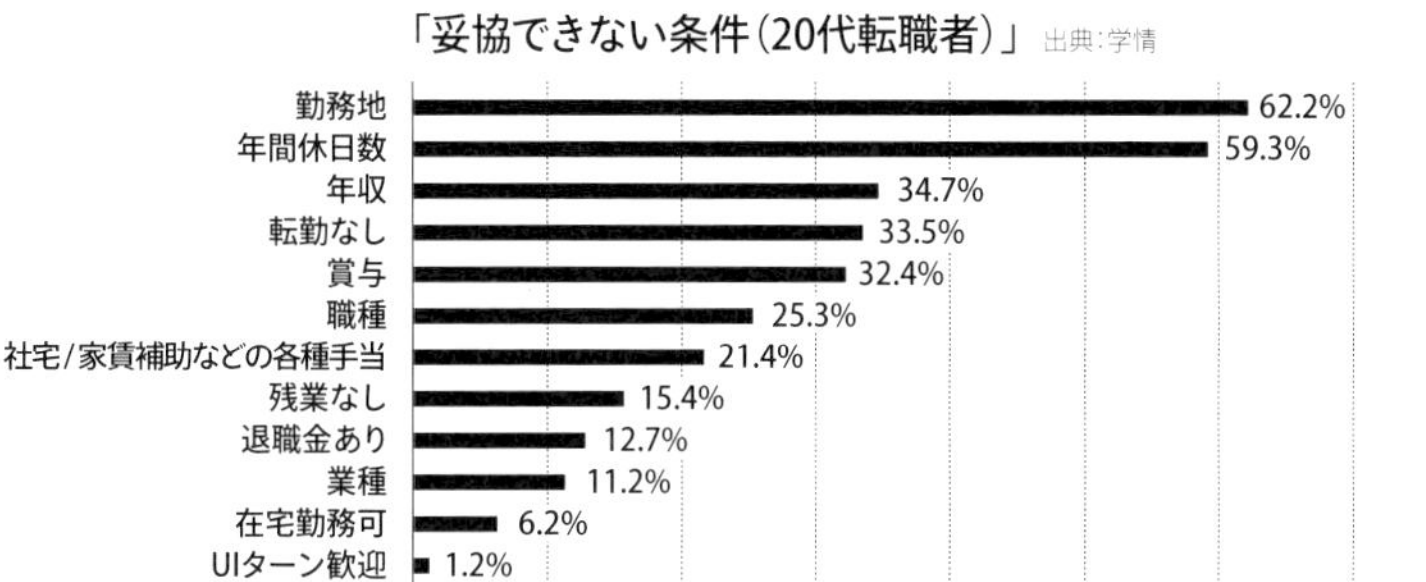

事業を拡大していくためには人員が必要。数と質の両面で都市部のほうが優秀な人を採用しやすく、勤務地も利便性が高いほうが有利。

また、都市部やターミナル駅の周辺には大手企業が集まっているため取引先との行き来も便利です。

他社との接点が増え、それが新たな事業機会になることもあります。例えば、丸の内や霞が関などの都市部では、その地域に拠点を持つ企業の交流会などがあり、そのような場に参加することで接点が生まれやすくなります。また、大手企業との接点を求めるスタートアップも都市部に集まりやすく、資料（帝国データバンク調べ）によると、東京都内にあるスタートアップの7割は、港区、渋谷区、千代田区、中央区に集中しています。

都市部はスタートアップ同士の横の人脈づくりにも有利ですし、そのような点でも都市部にオフィスを構える（高い家賃を払う）価値は大きいといえます。

6-3 それほど美味しくもない田舎の定食屋はなぜ混んでいるのか？

しかし、それでも常連らしき人たちで賑わっています。重要なのはこの事実です。

地方の定食店が賑わっている理由の1つは、**周辺に競合となる店が少ない**からです。

市場動向を見ると、地方は市場が縮小傾向です。人口が減っていますし、若い人を中心に都市部に人が流出していますので、大きな需要の獲得を目指すうえでは条件が悪いといえます。

ただ、地方は人や企業が少ない分だけ都市部よりも競合が少なくなります。市場が縮小しても、飲食のように生活と密着する需要がゼロになることもありません。

そのため、定食店のような生活密着型の小規模な事業は成り立ちます。地方に行くほど

▼小さな市場で着々ともうける

新規事業というと、大きな需要を掘り起こし、全国展開するビッグビジネスをイメージする人も多いかもしれません。しかし、現実にはそのような事業を生み出せる可能性は大きくありません。むしろ**小さな市場に目を向け、安定的な需要を獲得することも成功の道**です。それを体現しているのが、地方にある定食店です。

失礼な言い方ですが、地方の定食店は、これといった特徴がなく、味もサービスも普通の店がほとんどです。都市部のチェーン店のほうが味も店内の雰囲気も良いかもしれません。

店が減り、中食ニーズに応えるコンビニの数も減るため、商圏内の飲食市場がブルーオーシャンになりやすいのです。

▼地の利を活かす低コスト運営

経営面では、店の運営コストが低いことがポイントです。小さな市場は収益が少なくなるため、その中で生き残っていくためには店舗のランニングコストを抑えることが重要です。

例えば、人件費や家賃などのコストをいかに安くできるかが重要で、それらが安いほど利益は残りやすくなります。

定食店は、だいたい2、3人の店員で切り盛りしていますので人件費の総額は安いはずです。労働単価についても、各都道府県の最

低賃金（厚生労働省）を見ると、東京周辺、大阪、愛知などでは１０００円を超えていますが、地方は1割ほど安い９００円前後が中心です。

店舗の賃料も都市部と比べて大幅に安いですし、店舗兼住宅の持ち家である場合はさらにコストが安くできます。これらは地方の店の優位性です。

さらに、近隣に競合が少なければ店舗改装の必要性も低くなり、そのための費用も最低限に抑えられるでしょう。

▼リピーターが事業の生命線

集客の面では、地方は人が少ないわけですので、新規の利用者を増やすのは難しいといえます。そのため、いかにリピーターを増やすかが重要です。

駅前の店なら会社員や学生、住宅街の店なら近隣住民、街道沿いならトラックやタクシーのドライバーなどを囲い込むことによって収益が安定します。

また、飲食店が豊富にある都市部と比べると、地方はリピーター獲得の競争が緩くなります。飲食できる店が少ない、またはその店しかないため、食べたい人はそこに通うしかなく、必然的にリピーターになるのです。

これも地の利であり、飲食店以外にも同じことがいえます。地域に病院が1つしかなければ、住民はその病院に通います。車の修理工場もスーパーマーケットもあらゆる業種において、**消費者にとって「ここに頼むしかない」という状況であれば、リピータを維持でき、収益が安定します。**

地方は低コスト運営が可能

「都市部と地方の賃金（最低賃金）」
（出典：厚生労働省）

	都道府県	最低賃金額（円）
1	東京都	1,113
2	神奈川県	1,112
3	大阪府	1,064
4	埼玉県	1,028
5	愛知県	1,027
6	千葉県	1,026
40	秋田県	897
40	愛媛県	897
40	高知県	897
40	宮崎県	897
40	鹿児島県	897
45	沖縄県	896
45	徳島県	896
47	岩手県	893

「借家の家賃・間代（月当たり）」
（出典：総務省統計局）

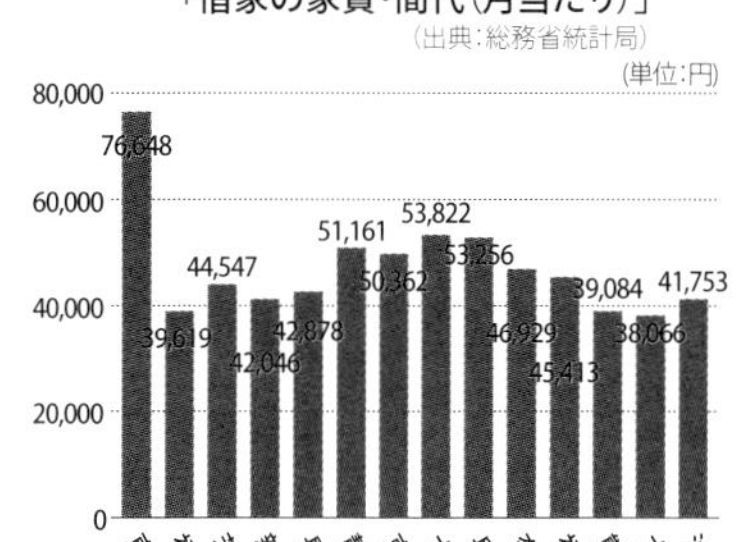

人件費や賃料は事業にかかる大きなコストの1つ。固定費であるため利益の圧迫要因になる。地方は都市部と比べて各種コストが安く、小規模事業の運営には有利になる。

新たな市場への進出を目指す事業者側から見ると、そのようなブルーオーシャンを見つけられるかどうかが重要です。

日本全体の人口は今後も減少しますし、地方から都市部への人口流入も続くでしょう。

しかし、人が多ければ事業が成功するわけではありません。重要なのは市場で勝ち残ることで、中長期で安定的に事業を続けていくためには、競合が少なく、価格競争が起きにくい地方に目を向けてみるのも1つの手です。

猛者がシェアを奪い合う都市部の市場よりも、競合が少ない地方のほうが新規参入に有利な場合もあるのです。

人口が少ないほど競合も少ない

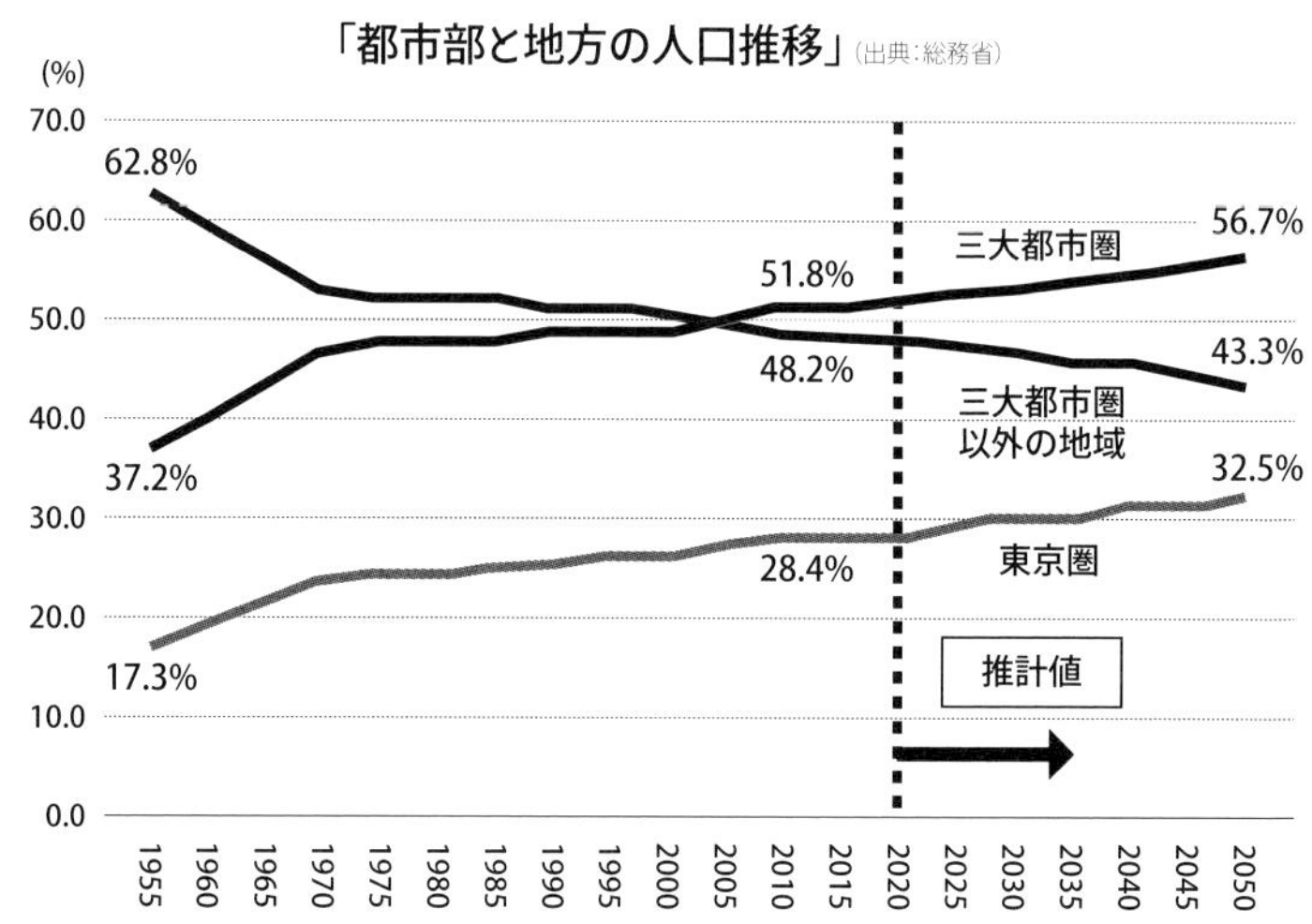

上記の各圏域は首都圏整備法および中部圏開発整備法による既成市街地及び近郊整備地帯を含む市区町の区域

コストが下がる	自治体などによる手厚い企業誘致支援策に加え、都会と比べて家賃も下がる。
人材を確保しやすい	競合他社との競争が激しい大都市より、優秀な人材を確保しやすいケースも。
企業価値の向上	社会課題の解決にもつながる地方創生の取り組みで、知名度や企業価値がアップ。

6-4 オタクが集まる街はなぜ経済が活性化するのか？

▼ニーズがある場所を狙う

新規事業で成功するポイントの1つは、ニーズが集まる場所で事業をすることです。その成功例が、アキバで賑わっているアニメ、アイドル、マンガなどのショップです。

秋葉原は、かつては電化製品やパソコンの街として有名でしたが、近年はいわゆるオタク文化の発信地として有名になりました。パソコンの時代ならパソコン関連の店、オタク文化の時代ならその系統の店が自然に集まり、新たな街を形成します。

自然と似た店が集まる理由は、**ニーズがある街に出店するほうが事業者にとって集客がラク**だからです。

自分の店をゼロから周知し、顧客の動線を開拓するのは大変です。時間も労力もコストもかかります。

その点、アキバはオタク文化が好きな人が集まる動線がすでにできています。消費者の中には「アニメならアキバ」という常識がありますし、アキバはアニメなどをテーマとしたイベントが多く、ファンの交流の場にもなっています。

ショップ巡りのためにあちこち移動するより、アキバ1箇所で複数の店を見て回るほうが効率良く楽しめることも認知されています。このような土壌ができているため、アキバに出店するほうが効率的に集客できるのです。

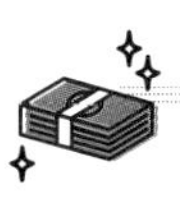

▼オタクニーズで街全体が発展

この方法のポイントは、ターゲット層や需要が集まっている場所を選ぶことです。別の業種で見ると、大きな病院の近くに調剤薬局が多いのも、税務署の周りに税理士事務所が多いのも、ニーズが集まる場所を選んだ結果といえます。

また、この方法で成功するためには需要が「オタク化」しやすいことが条件です。例えば、スーパーマーケットの隣にスーパーマーケットを建てると利用者の奪い合いになります。スーパーマーケットが扱う商品はそれほど代わり映えしないため、消費者は安い方を選ぶようになり、価格競争が起きます。

その点、アニメ、アイドル、マンガなどの需要は広くて深いのが特徴です。つまりオタク化の要素があります。

アニメの中にはさまざまなジャンルのファンがいますし、ファンの目当てが異なればショップ同士が共存できます。アキバを訪れることによって、**これまで興味がなかったアニメにも興味を持つようになるなど、複数の店が異なる商品を扱う相乗効果も生まれます。**

そのような発見ができることもファンにとっての楽しみになり、アキバという街そのものの価値を高めることにつながります。

▼市場の成長を追い風にする

ニーズの広がりと深さがあるという点から見ると、オタク化するアイテムはアキバ関連に限りません。例えば、ラーメンです。ラーメンは、大きなくくりではラーメンですが、

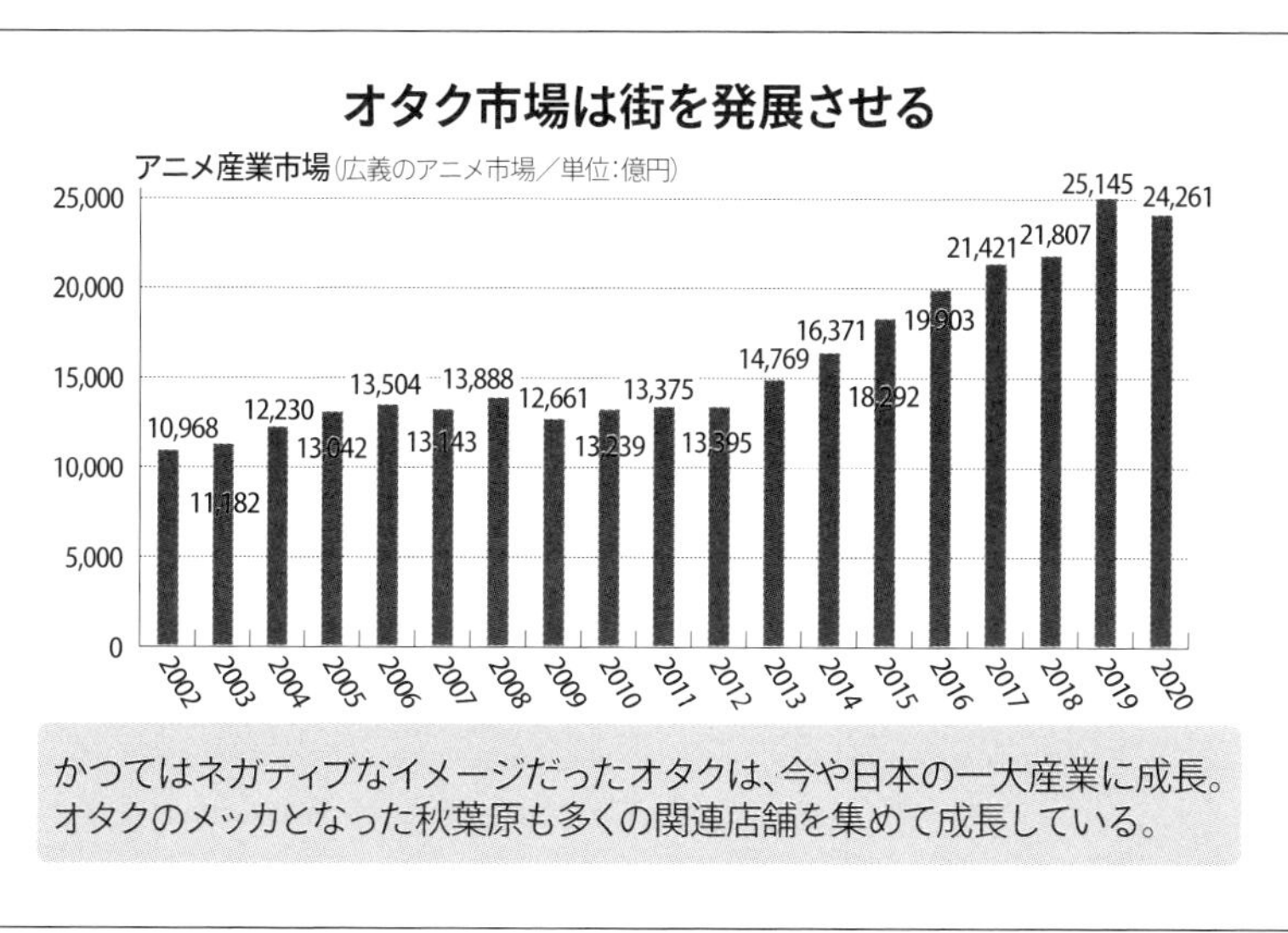

出典:「アニメ産業レポート 2021」(日本動画協会)

味が細分化しているためオタク化要素があります。だから、ラーメン街のような複数のラーメン店が集まる街でも共存関係が成立します。**自社が扱う商品やサービスがオタク化の要素を持っているのであれば、ニーズが集まる場所に出店することが事業成功のポイントです。**

オタクは、かつては暗いイメージのネガティブな言葉として扱われていました。しかし、最近は「推し活」の広がりなどもあり、趣味へのこだわりや専門性を表す言葉として捉え方が変わりつつあり、オタクの一般化と多様化によってオタクの市場規模も成長しています。

この追い風を利用するという点でも、オタクのニーズが集まる場所でオタク化しやすい商品を扱う事業は成長しやすいといえます。

細分化するオタク化市場

「オタク主要分野の市場規模」(出典:矢野経済研究所)

単位:百万円、%

分野	算出ベース		2021年度	2022年度	2023年度(予測)
アニメ	制作事業者売上高ベース		265,000	285,000	275,000
		前年度比	96.4	107.5	96.5
同人誌	小売金額ベース		80,000	93,165	105,809
		前年度比	108.0	116.5	113.6
インディーゲーム	ユーザー消費金額ベース		2,800	19,596	24,277
		前年度比	-	-	123.9
プラモデル	国内出荷金額ベース		41,500	54,800	57,000
		前年度比	108.4	132.0	104.0
フィギュア	国内出荷金額ベース		34,600	43,400	48,000
		前年度比	105.8	125.4	110.6
ドール	国内出荷金額ベース		10,400	10,700	11,000
		前年度比	102.0	102.9	102.8
鉄道模型	国内出荷金額ベース		11,800	12,700	13,000
		前年度比	102.6	107.6	102.4
トイガン	国内出荷金額ベース		9,200	9,100	9,200
		前年度比	102.2	98.9	101.1
サバイバルゲーム	事業者売上高ベース		7,700	7,300	7,500
		前年度比	89.5	94.8	102.7
アイドル	ユーザー消費金額ベース		150,000	165,000	190,000
		前年度比	107.1	110.0	115.2
プロレス	ユーザー消費金額ベース		11,000	12,000	13,000
		前年度比	91.7	109.1	108.3
コスプレ衣装	国内出荷金額ベース		25,000	26,500	28,000
		前年度比	104.2	106.0	105.7
メイド・コンセプトカフェ、コスプレ関連サービス	事業者売上高ベース		9,500	10,300	11,200
		前年度比	108.0	108.4	108.7
音声合成	小売金額ベース		-	21,330	24,610
		前年度比	-	-	115.4

注1.「インディーゲーム」と「音声合成」は市場定義等の見直しにより、過年度との比較のできない分野である。
注2.「音声合成」は主にボーカロイドソフトウェア、音声読み上げソフトウェア、ボイスチェンジャーソフトウェアなどの音声合成に関するソフトウェア、及びこれらのソフトウェアに設定されているキャラクターに関連する商品(グッズ)などの物販で構成される。

オタクのジャンルは多様化している。かつてのように国民全員が1つのブームに乗るケースが減り、お金と時間を投じる先が分散化している。

6-5 ファミレスはなぜ至るところに乱立しているのか？

▼アイデアとノウハウをもらう

新規事業を始めたい。しかし、アイデアが浮かばない……。そんなときはチェーン店のフランチャイズ（FC）開業を考えてみるのも1つの手です。

都市部には、飲食店、コンビニ、学習塾、クリーニング店などのチェーンが数多く存在しています。見た目からは判別できませんが、それら全てがチェーン本部が経営している店（直営店）ではなく、FC店も多く存在しています。コンビニを例にすると、直営店は全体の数％で、大半の店はFCオーナー、つまり一般の経営者や個人事業主の店です。

FC店は、FC本部に加盟金を支払ったり、開業後には収益の一部をロイヤリティとして支払ったりする必要があります。これらコストは収益面ではマイナスです。ただ、それ相当のメリットもあります。

▼開業に至るまで苦労を回避

FCのコストを払う対価の1つは、開業までの時間とリスクを大幅に短縮できることです。

開業のアイデアを1から練るのは大変です。市場調査や売上予測を行い、商品の仕入れルートなども開拓しなければなりませんし、人を雇う場合には、接客マニュアルなどをつくる必要もあります。これらを入念に準備し

短期間で事業をスタートできる

フランチャイズとは

ブランド、商品
運営ノウハウ等の提供

加盟金やロイヤリティ
等の支払い

フランチャイザー
フランチャイズ本部

フランチャイジー
加盟店

フランチャイズ店は、ロイヤリティを支払う対価として事業に必要なリサーチやノウハウを提供してもらえるため開業までの時間や手間を軽減できる。

ても、うまくいくとは限りません。

FCは、本部が持つノウハウをそのまま使うことができ、準備作業を飛ばすことができます。開店後はFCのネットワークを通じて商品や材料などの仕入れができ、店舗運営の指導も受けられます。他のチェーン店で実践している内容をノウハウとしているため、失敗するリスクも抑えられます。

FCは、チェーン店の知名度とブランド力を支えることも大きなメリットです。コメダ珈琲の看板を見ればモーニングが充実している店だと分かりますし、ローソンを見かけたら「からあげクンを買おうかな」と思います。

つまり**どんな店で、どんな特徴があるかが分かることが消費者に安心感を与え、利用されやすくなり、収益が安定する**のです。

6-6 なぜ儲かっている企業でも借金をするのか？

ここは多くの経営者にとって心理的な障壁といえるかもしれません。なぜなら、日本は「借金はリスク」「無借金経営が正義」といった考えが根強いからです。

借金は資金調達の手段です。新しい事業をつくり、そのための投資を行い、新たな収益でさらに企業を成長させていくサイクルをつくるために、借金は有効な手段になりますし、成長を促進する源泉ともいえます。**無借金にこだわることは、そのサイクルをつくりにくくする原因になります。**

大手企業の借金（有利子負債）の状況を見ても、企業の時価総額（企業の金銭的価値）で国内トップであるトヨタ自動車は30兆円近い負債（有利子負債）を持っています。

▼借金は資金調達の手段

新規事業に必要なものは2つあります。1つはアイデア、もう1つは資金です。

いくら良いアイデアが浮かんでも資金がなければ実現できません。その状態に陥らないためにも、**アイデアを練るとともに資金調達の方法も常に考え、準備しておくことが大事**です。

儲かっている企業はそれが分かっています。だからアイデアが浮かんだときにすぐに実行でき、それが競合との差を生みます。

手元の資金を増やす手段としては、利益を着々と貯めることが王道ですが、借りるという方法もあります。

通信大手のソフトバンクも20兆円超の負債があり、その金額は年間の売上高を超えています。このことからも借金は悪とは言えず、成長している企業ほどうまく借金を使っていることが分かります。

▼資金効率を最大化

事業拡張のために借金をするメリットの1つは、時間を買えることです。

例えば、新規事業に1億円かかり、その資金を貯めるために1年かかる場合、事業をスタートできるのは1年後です。その間に競合が似た事業を始めるかもしれず、その場合は事業計画を1から練り直さなければなりません。

しかし、借金で資金調達すればすぐにスタートできます。つまり1億円の借金にかかる利子をコストとして1年という時間を買うことができます。競合を出し抜くことで収益が得られれば、利子分のコストもすぐに回収できるでしょう。

資金にレバレッジをかけられることもメリットです。 レバレッジは「てこの原理」の意味で、事業などへの投資では、手持ちの資金の経済効果を高めることを指します。

例えば、1億円かけて店舗を増やし、その結果として収益が5％増える場合、手元で増える資金は500万円です。

しかし、借金と合わせて10億円かければ、店舗数も収益も10倍になります。これがレバレッジをかける効果で**借金は収益を最大化する手段にもなる**のです。

▼借りられる強みを活かす

借金についてもう1つ重要なのは、誰でも借りられるわけではないということです。

金融機関からの借金には信用を踏まえた審査があり、業績などが悪ければ借りられません。

逆に、信用がある企業は金融機関のほうから「借りてくれないか」と声がかかることもあり、低金利で借りることもできます。

低金利で借りられれば資金調達のコストが安くなりますので、投資で得る収益も大きくなります。

つまり**安く借りられることも、借金できることも企業の強みであり、その強みを持つ企業だけが、時間を買ったりレバレッジによって収益を最大化したりすることもできる**ので

借金の活用で収益を伸ばすこともできる

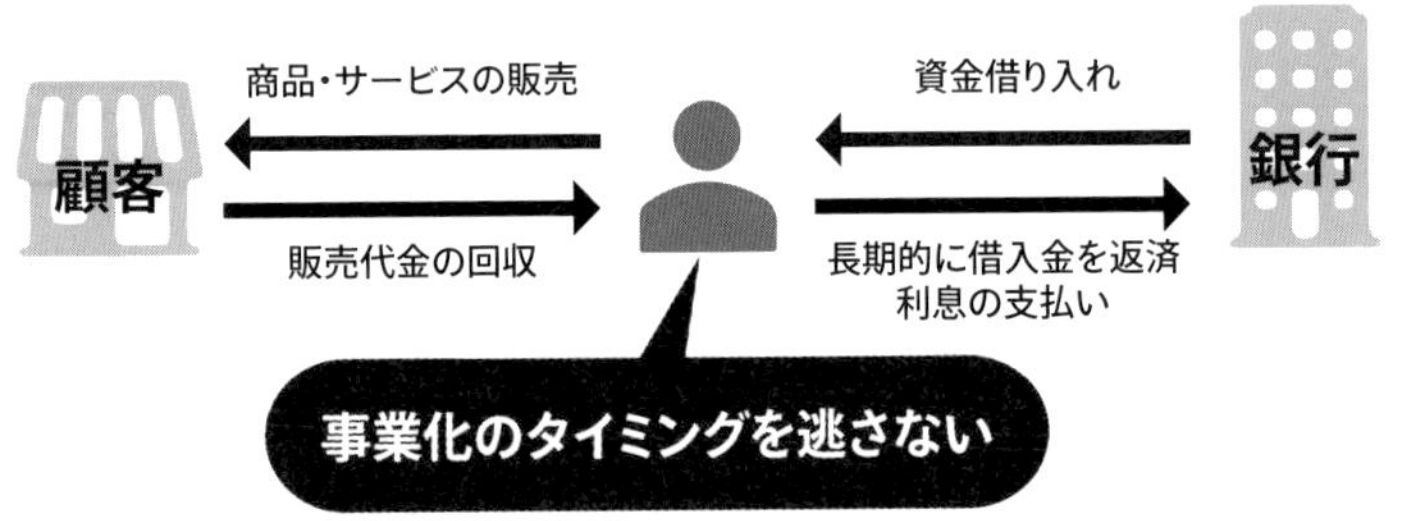

手元の資金だけで事業を考えると、アイデアを実行できなかったり規模が小さくなったりする。銀行などからの借り入れは事業資金を貯める時間の短縮になる。

す。

また、業績は常に変わります。来年は業績が落ち、借りられる金額が減ったり金利が上がったりする可能性があります。

そう考えると、強みを活かすためには借りられるときに借りておくことも大事です。

すぐに着手したい新規事業案がなくても、「備えあれば憂いなし」で、手元に資金を置いておけばいつでも投資できます。

株や不動産などに変えれば運用で増やすこともでき、複数の資産に分散することで資産管理の安定性を高めることにもつながります。

このような効果を得るためにも、借金は悪という意識を変えることが重要です。

借金できることも信用の表れ

「上場企業の有利子負債の金額」

2023年12月時点
（単位：百万円）

企業名	有利子負債
トヨタ自動車	（連）29,380,273
ソフトバンクグループ	（連）19,478,194
野村ホールディングス	（連）11,742,070
日本電信電話	（連）8,230,536
ホンダ	（連）7,665,168
三菱HCキャピタル	（連）7,631,801
日産自動車	（連）6,902,948
ソフトバンク	（連）6,134,501
東京電力ホールディングス	（連）5,734,427
オリックス	（連）5,718,519

日本を代表する企業の財務を見ると、名だたる企業が多くの借り入れをしていることが分かる。大きな事業をするための施策として借金は有効な手段であり、そもそも信用がなければ大きな借り入れはできない。

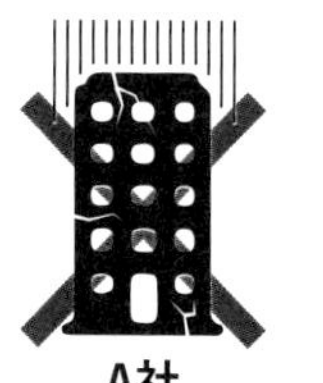

銀行などの金融機関は返済能力を重視するため、経営が苦しい企業ではなく、安定して成長している企業に貸したいと考える。

僕の知り合いが
フランチャイズの
オーナーになるからね
一人の経営者として
頑張って
もらいたいな
泰子の家
経営者かぁ…
は
そういえば
ここ最近
ビジネスについて
菅原先生にいろいろ
教えてもらったなぁ…
…改めて
ビジネスって
面白いかも
もっと詳しく
知りたい！
ゴゴゴ…
ビジネス1年生
起業セミナー

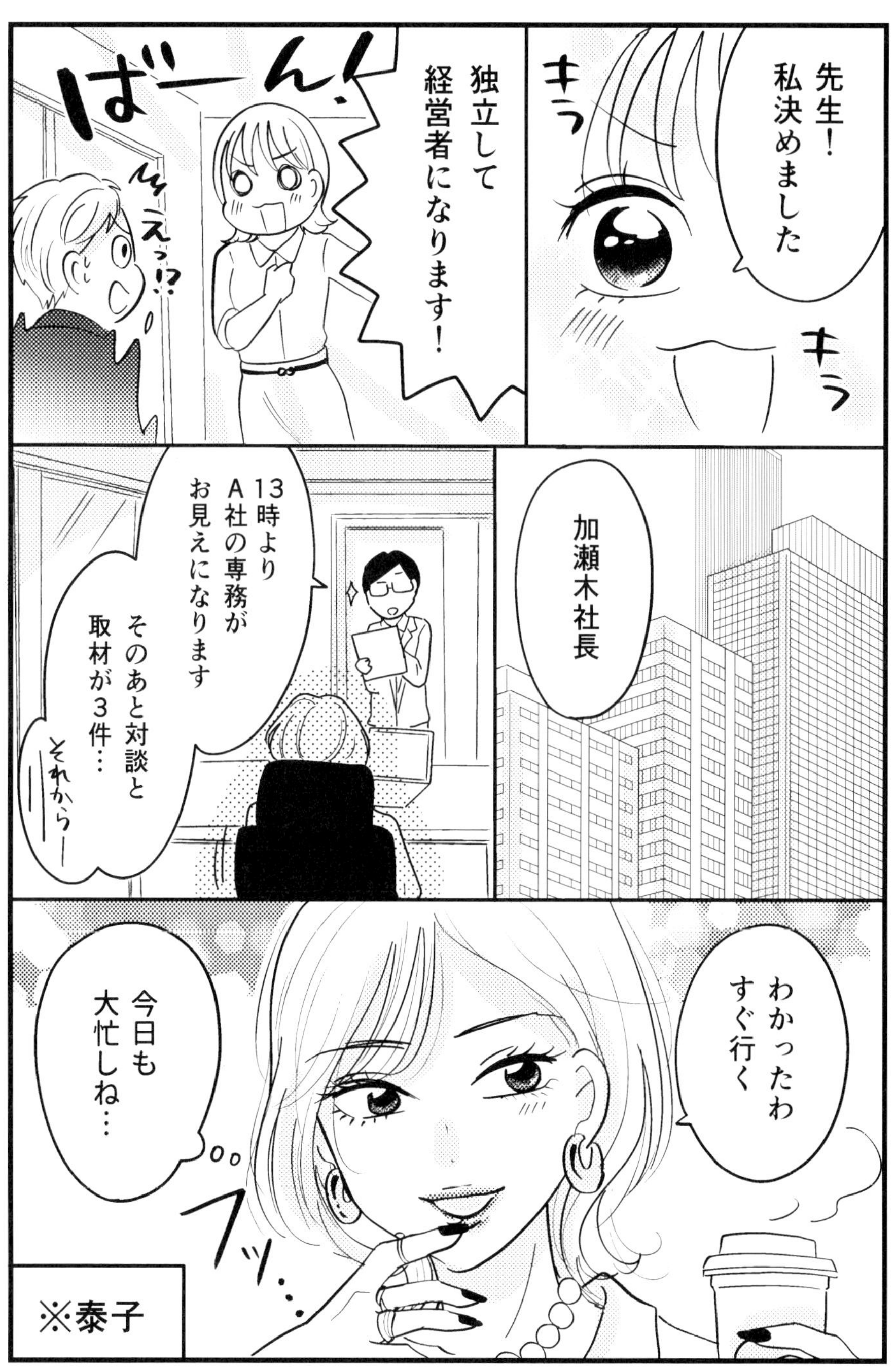
キラ
先生！私決めました
キラ
ばーん！
独立して経営者になります！
えっ!?
加瀬木社長
13時よりA社の専務がお見えになります
そのあと対談と取材が3件…
それから－
わかったわすぐ行く
今日も大忙しね…
フッ…
※泰子

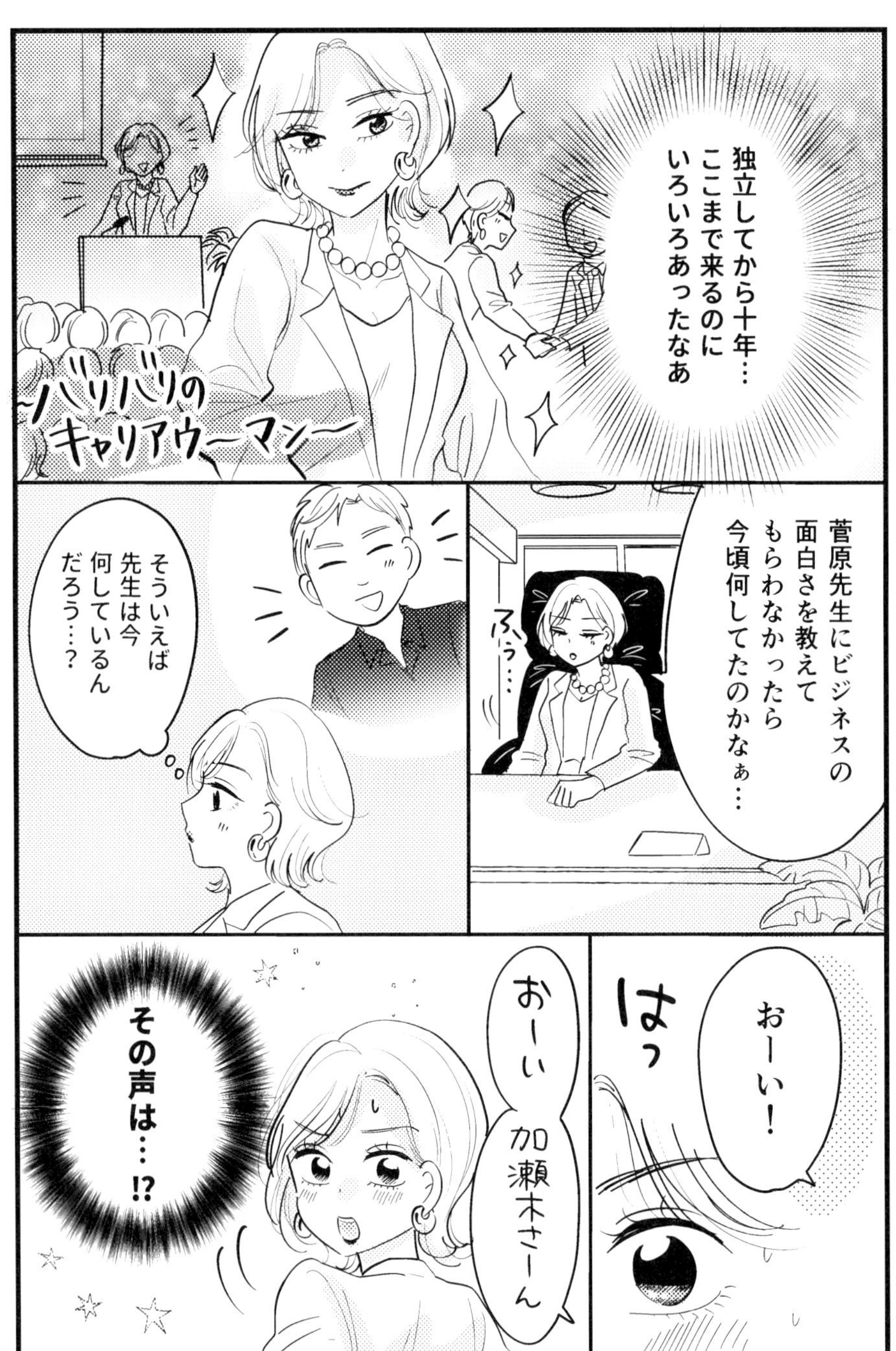
独立してから十年…
ここまで来るのに
いろいろあったなあ
～バリバリの
キャリアウ～マン～
菅原先生にビジネスの
面白さを教えて
もらわなかったら
今頃何してたのかなぁ…
ふぅ…
そういえば
先生は今
何しているんだろう…？
おーい！
はっ
おーい
加瀬木さーん
その声は…!?

おーい
加瀬木さんってば
ぐ
ぐ
ぴくっ
昼休み
終わっちゃうよ〜
フガッ
あれっ
フカフカの
社長イスは
雑誌の
取材は!?
がばっ!!
何の話?
何だ…
夢か…
スン…
バリキャリ
女社長
年商●億
メディアで
話題
全てイマジナリー幻想!!
だいぶ
お疲れのようだね
気晴らしに何か
飲みに行こうか!
!
やったー!
タピオカが
いいです!
ぱあっ
ホントに
タピオカ
好きだねぇ
ハイッ!
泰子が実際に
独立して社長になるのは
また別のお話…

おわりに

世の中の企業は、業種や規模を問わず2つに分けることができます。

1つは、儲かっている企業、もう1つは儲かっていない企業です。

「儲かっている」を「黒字」と訳すと、じつは儲かっている企業は日本に4割弱しかありません。もう一歩踏み込むと、経営の支援や再生を使命とするコンサルティングファームですら、その4割近くが赤字です。

この実態から分かるのは、「業績を伸ばそう」「新規事業を立ち上げよう」と声を上げるのは簡単でも、それを実現するのは決して簡単なことではないということです。

経営者は、この簡単ではないことをやってのける仕事です。そのために役立つかもしれない知見を、税理士の観点、私の実務の1つであるコンサルティングの観点、そして1人の生活者としての観点から提供し、解説しようと考えたのが本書を書いたきっかけでした。

私は税務を通じて多くの企業を支援しています。税務の顧問をしながら、経営の安定と成長につながる資金調達の方法や各種制度の活用のアドバイスなども行っています。最近はその内容に興味を持ってくれる人が増えて、セミナーでの講演依頼が増えました。個人では、経営のヒントを求めている幅広い層の人たちに向けてYouTubeやブログ、各種SNSでの情報発信にも力を入れています。